essentials

Essentials liefern aktuelles Wissen in konzentrierter Form. Die Essenz dessen, worauf es als „State-of-the-Art" in der gegenwärtigen Fachdiskussion oder in der Praxis ankommt. *Essentials* informieren schnell, unkompliziert und verständlich

• als Einführung in ein aktuelles Thema aus Ihrem Fachgebiet
• als Einstieg in ein für Sie noch unbekanntes Themenfeld
• als Einblick, um zum Thema mitreden zu können

Die Bücher in elektronischer und gedruckter Form bringen das Fachwissen von Springerautor*innen kompakt zur Darstellung. Sie sind besonders für die Nutzung als eBook auf Tablet-PCs, eBook-Readern und Smartphones geeignet. *Essentials* sind Wissensbausteine aus den Wirtschafts-, Sozial- und Geisteswissenschaften, aus Technik und Naturwissenschaften sowie aus Medizin, Psychologie und Gesundheitsberufen. Von renommierten Autor*innen aller Springer-Verlagsmarken.

KI-Transformation von innen heraus gestalten

Kultur, Kommunikation und Führung als Fundament

Andrea Montua · Anton Fedder

Andrea Montua
MontuaPartner Communications GmbH
Hamburg, Deutschland

Anton Fedder
MontuaPartner Communications GmbH
Hamburg, Deutschland

ISSN 2197-6708 ISSN 2197-6716 (electronic)
essentials
ISBN 978-3-658-51628-4 ISBN 978-3-658-51629-1 (eBook)
https://doi.org/10.1007/978-3-658-51629-1

Die Deutsche Nationalbibliothek verzeichnet diese Publikation in der Deutschen Nationalbibliografie; detaillierte bibliografische Daten sind im Internet über https://portal.dnb.de abrufbar.

Planung/Lektorat: Imke Sander
Springer Gabler ist ein Imprint der eingetragenen Gesellschaft Springer Fachmedien Wiesbaden GmbH und ist ein Teil von Springer Nature.
Die Anschrift der Gesellschaft ist: Abraham-Lincoln-Str. 46, 65189 Wiesbaden, Germany

Was Sie in diesem *essential* finden

- **KI-Transformation betrifft uns alle – Organisationen, einzelne Abteilungen, uns als Individuen**
  Die Arbeit mit KI ist kein reines IT-, sondern vor allem auch ein Kulturprojekt. Wir zeigen, wie Einführungen gelingen, welche Phasen typisch sind und wie man Stolperfallen vermeidet. Quick Wins und Dialogformate helfen, Vertrauen aufzubauen und alle mitzunehmen.
- **Kultur, Kommunikation und Führung als Fundament**
  Technologie allein macht keine Transformation erfolgreich. Menschen tun das. Dafür braucht es Arbeit an der Kultur, klare Kommunikation und eine Führung, die Orientierung gibt. Wir zeigen, wie Kommunikation zur Brücke wird und wie Governance für KI-Kommunikation aussieht.
- **Skills und Haltung als Erfolgsfaktoren**
  Growth Mindset, psychologische Sicherheit und Future Skills sind der Schlüssel für Tempo und Akzeptanz. Wir empfehlen Methoden für Lernkultur, Selbstführung und die Entwicklung von Kompetenzen, die Führungskräfte und Teams jetzt brauchen.
- **Zusammenspiel der Stakeholder**
  KI-Transformation gelingt nur im Team: HR, Kommunikation, IT, Marketing, Produktion. Wir zeigen, wie Rollen klar definiert werden, wie Kooperationen funktionieren und wie Quick Wins und Erfolgsstorys Energie freisetzen können.

Vorwort

Liebe Leserin,

Lieber Leser,

stellen Sie sich vor, Sie wachen morgens auf – und Ihr Zimmer sieht komplett anders aus als am Vorabend. Nichts steht mehr am gleichen Ort, die Farben sind anders und sogar die Größe des Raums hat sich verändert. Genau dieses Gefühl herrscht in vielen Organisationen gerade vor. KI ist elementarer Teil unserer Arbeitsrealität geworden – angetrieben von Tech-Konzernen, beschleunigt durch Viralität und operativen Mehrwert. Bei dem Wort „KI" denken die meisten zuerst an ChatGPT, Copilot, oder vielleicht auch an Roboter. Wir wagen in diesem essential den zuweilen unkonventionelleren, gleichwohl aus unserer Sicht wichtigen Blick: KI ist kein neues Tool, das wir einfach mal einführen. Sie ist wahrhaft disruptiv. Sie verändert unsere Gesellschaft, unsere Organisationen und uns selbst: die Art, wie wir leben, lernen, zusammenarbeiten. Und auch die Art, wie wir führen, wie wir kommunizieren und wie wir Kultur leben.

Wir alle kennen es aus den Transformationen der vergangenen Jahre: Mit den Veränderungen kommt die Angst vor dem Neuen, vor Kontrollverlust, vor Überforderung. Es entsteht das Gefühl, nicht mehr mithalten zu können. Das ist vollkommen nachvollziehbar, denn aktuell weiß niemand mit völliger Sicherheit, was überhaupt nötig ist, um als Unternehmen zukunftsfähig zu sein, zu bleiben oder wieder zu werden und sich als Mensch beruflich wie privat in dieser neuen Welt gut aufzustellen.

Mit diesem Buch möchten wir zu mutigem Handeln aufrufen und Ihnen, liebe Leserin und lieber Leser, ein paar Tipps und Inspirationen mit auf den Weg geben. Denn, wenn wir mit unseren Ängsten nicht arbeiten, riskieren wir nicht weniger als unsere Handlungsfähigkeit und damit unsere Zukunft.

Wir müssen wachsen

Hier kommt ein entscheidender Gedanke ins Spiel: das Growth Mindset. Es ist eine Haltung, die uns befähigt, Neues nicht als Bedrohung, sondern als Entwicklungschance zu sehen. Ein Growth Mindset bedeutet, Fehler als Teil des Weges zu akzeptieren und Experimente zu wagen. Es bedeutet außerdem, uns als lernende Organisationen, oder – auf uns Menschen bezogen – als lernende Organismen zu begreifen. In dieser neuen Welt, in der KI vielfach das Tempo vorgibt, ist diese Haltung überlebenswichtig.

Technologie allein macht keine Transformation erfolgreich. Auch diese nicht. Menschen tun das.

Jede Veränderung – ob digitaler Natur oder anders – schafft zunächst Unsicherheit. Es gibt keinen Wandel ohne die Frage, was sich dadurch wandeln wird. Menschen brauchen Orientierung, Klarheit und Vertrauen – Bedürfnisse, die nur von anderen Menschen erfüllt werden können. Hier werden Führung und Kommunikation wichtig. Sie sind das Betriebssystem jeder Veränderung: Die Schnittstelle zwischen der „Software" (den Menschen in der Organisation) und der „Hardware" (der Institution).

Dieses Buch ist für alle, die nicht zusehen wollen, wie der Bus ohne sie abfährt, sondern die einsteigen und auch den Weg mitgestalten wollen. Für alle, die Haltung zeigen, die Kultur prägen und die Lust haben, aus Unsicherheit Energie zu machen. Wir geben Ihnen Impulse, wie Sie die KI-Transformation nicht nur managen, sondern lebendig gestalten – mit Klarheit, Menschlichkeit und innerer Haltung.

Was Sie davon haben?

- Sie verstehen, warum KI-Transformation kein IT-, sondern vor allem auch ein Kulturprojekt ist.
- Sie lernen, Ängste in Energie zu verwandeln und psychologische Sicherheit zu schaffen.
- Sie erfahren, wie Kommunikation zum strategischen Hebel wird – und wie Sie diese nutzen.
- Sie erhalten Werkzeuge, die Sie sofort anwenden können.

Unsere Ziele: Ihnen Mut zu machen, den Weg mitzugestalten. Ihnen Werkzeuge zu geben für Ihren Alltag und Ihnen zu zeigen, wie Sie aus Sorgen positive Zukunftsgedanken machen.

Unser besonderer Dank gilt **Christiane Capps**, deren redaktionelle Begleitung, eigene Perspektive und feines Sprachgefühl dieses Buch spürbar verbessert haben.

Ebenso sind wir dankbar für die Möglichkeiten, die KI-Werkzeuge mit sich bringen. Sie halfen uns bei diesem Buch, Gedanken präziser zu formen, aus vertrauten Denk- und Schreibmustern auch mal auszubrechen und das Tempo des Entstehungsprozesses deutlich zu erhöhen.

Herzlichst

Andrea Montua & Anton Fedder

Hinweis: Zur besseren Lesbarkeit verwenden wir in diesem Buch die Begriffe KI und Künstliche Intelligenz synonym.

Inhaltsverzeichnis

Über die Autoren

Andrea Montua ist Inhaberin von MPC, MontuaPartner Communications, einer Beratung für Transformation, Kultur und Kommunikation. Seit 2004 berät und begleitet sie mit ihrem Team Konzerne, mittelständische (Familien-)Unternehmen und Behörden im Alltag und in Phasen der Veränderung.

Sie ist Moderatorin, Podcasterin und Autorin der Fachbücher „Führungsaufgabe Interne Kommunikation: Erfolgreich in Unternehmen kommunizieren – im Alltag und in Veränderungsprozessen" und „Transformationen begleiten – Mit starker Führung und klarer Kommunikation den Wandel gestalten" sowie der erweiterten englischen Version „Guiding Transformation – Empowerment with strong Leadership and Clear Communication".

Anton Fedder ist seit 2023 KI Business Partner und Consultant bei MPC. Er gehört zu den prägenden Stimmen einer neuen Generation von Kommunikator*innen, die zeigen, wie Künstliche Intelligenz Zusammenarbeit, Kultur und Führung grundlegend verändert.

Als Sparringspartner von Kommunikationschef*innen im DACH-Raum macht er sichtbar, wie KI Entscheidungslogiken verschiebt, interne Narrative neu formt und Teams befähigt, in komplexen Umfeldern klarer, schneller und mutiger zu agieren.

KI-Einführungen in Unternehmen

1

Künstliche Intelligenz betrifft jede Organisation, jede Abteilung und jeden einzelnen Menschen. Sie verändert nicht nur Prozesse, sondern auch Kultur und Zusammenarbeit. Wir zeigen, wie die Einführung von KI – ganz gleich auf welcher Ebene und in welcher operativen oder strategischen Tiefe – gelingt und warum Kultur und Kommunikation dabei die Schlüssel sind. Als Wegweiser durch die Kapitel dienen jeweils drei Thesen.

1.1 Drei Thesen zum Einstieg

- **KI ist ein Kulturthema.**
  Die Einführung von KI-gestützten Systemen als reines IT-Projekt zu verstehen, trifft das Thema an der Achillesferse. Denn mit KI verändern sich nicht nur Arbeitsprozesse und Tools (diese sind für sich genommen schon hinreichend emotionale Themen), sondern auch Rollen, Denkmuster und Verantwortungsgefüge. Werden diese Implikationen nicht berücksichtigt und aktiv begleitet, misslingt die Einführung des besten KI-Tools.
- **Kommunikation ist das Rückgrat jeder KI-Transformation.**
  Ohne Dialog erreichen wir keine Akzeptanz für Veränderungen. Informationen allein reichen nicht aus, um Emotionen wahrzunehmen, mit ihnen zu arbeiten und sie in geeignete Bahnen zu lenken: Vertrauen entsteht, wenn die Veränderung nicht nur nachvollziehbar, sondern auch glaubwürdig ankommt und wir das Gefühl vermitteln können, dass die Veränderung „gut" für die Organisation und die Menschen in ihr ist.

© Der/die Autor(en), exklusiv lizenziert an Springer Fachmedien Wiesbaden GmbH, ein Teil von Springer Nature 2026
A. Montua, A. Fedder, *KI-Transformation von innen heraus gestalten*, essentials, https://doi.org/10.1007/978-3-658-51629-1_1

- **Technologie verändert, wie die Arbeit geschieht – Menschen gestalten, warum sie geschieht.**
  KI kann beschleunigen, Aufgaben übernehmen und die Qualität der Ergebnisse erhöhen. Wenn das „Was" und das „Wie" an Bedeutung verlieren, weitet sich die Relevanz des „Warum?" aus. Wir Menschen brauchen Sinn. Er gibt uns Orientierung und Sicherheit. Diesen Sinn vermitteln wir über Kommunikation.

Soweit die Theorie. Und die Praxis? Sieht oft noch ganz anders aus.

1.2   Ein Beispiel aus der Praxis

Bei Müller & Partner, einem fiktiven Unternehmen, das uns durch dieses essential begleiten soll, führte fehlende Kommunikation fast zu grossen Schwierigkeiten. Was war geschehen?

Alles begann eigentlich ganz pragmatisch. Die Finanzabteilung stand vor einem Problem, das viele Unternehmen kennen: zu viele Rechnungen, zu wenig Menschen, die manuelle Prüfungen vornehmen können. Die Lösung sollte ein KI-gestütztes Tool sein, das Eingangsrechnungen automatisch klassifiziert, ausliest und weiterleitet. Nichts Visionäres, nichts Strategisches – einfach eine spürbare Entlastung. Der Projektstart war bewusst klein gehalten. Ein klar umrissener Pilotbereich. Eine definierte Zielsetzung. Ein Team aus Finance, IT und Einkauf. Die Stimmung war verhalten optimistisch: „Wenn das funktioniert, sparen wir mehrere Stunden pro Woche." Die ersten Tests verliefen gut. Die KI erkannte Muster zuverlässig, sortierte Rechnungen sauber und reduzierte die Nachbearbeitung spürbar. Und doch zeigten sich schon nach kurzer Zeit typische Fragen: Wer prüft die KI-Ergebnisse? Wer ist verantwortlich, wenn etwas durchrutscht? Was bedeutet das für Rollen, Routinen, Sicherheiten?

Noch bevor die Technologie in der Breite sichtbar war, war eines klar geworden: KI-Einführungen sind weniger ein IT-Projekt, sondern ein Prozess, in dem Menschen Orientierung brauchen.

1.3   Wie Kultur wirkt

Kultur bildet – ob wir es im Alltag merken oder nicht – den Kitt, der jede Organisation zusammenhält. Sie entsteht nicht zufällig, sondern wächst über Jahre aus der Art, wie wir kommunizieren, den gelebten Werten, geteilten Erfahrungen und

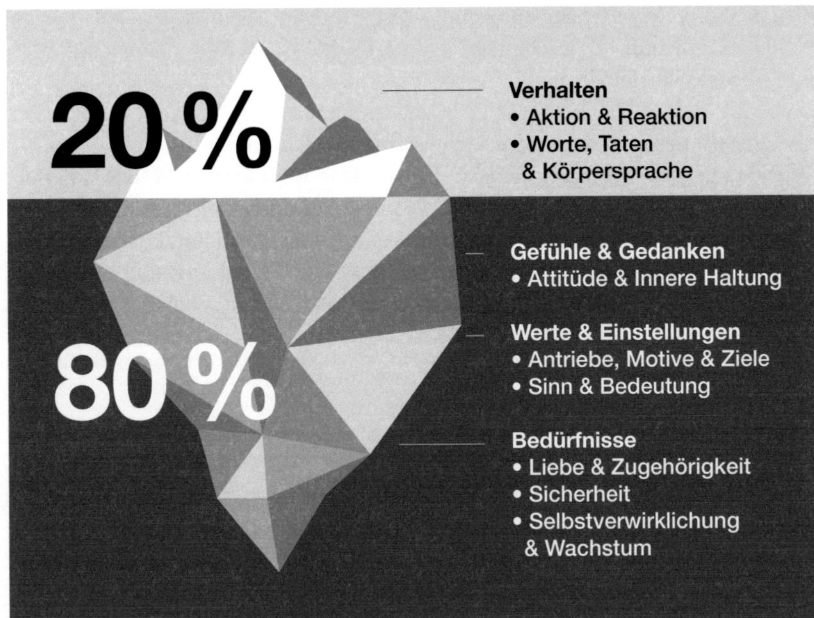

Abb. 1.1 Das Eisbergmodell. (In Anlehnung an Schein, Edgar H., Eigene Darstellung)

Geschichten, die sich Kolleg*innen und Teams immer wieder erzählen. Das, was wir sehen, ist nur die Oberfläche: Rituale, Kommunikationswege, Kleidung, Symbole, Entscheidungswege. Doch der eigentliche Kern liegt weit tiefer (s. Abb. 1.1).

Das Eisbergmodell: Sichtbar ist wenig, wirksam ist alles
Die Kommunikationswissenschaft spricht von Kultur als einem angesammelten Muster von Werten, Überzeugungen und erlernten Verhaltensweisen, das eine Gruppe über ihre gemeinsame Geschichte verbindet. In Organisationen bedeutet das: Kultur besteht aus den grundlegenden Annahmen, die sich bewährt haben – so sehr, dass neue Mitarbeitende sie ganz selbstverständlich übernehmen. Sie prägen, wie Menschen Probleme wahrnehmen, interpretieren und lösen.

Edgar H. Schein beschreibt Kultur in drei Ebenen (Schein, 2010), von denen die sichtbare nur ein kleiner Teil ist:

- Artefakte wie Sprache, Räume, Kleidung oder sichtbare Symbole.
- Bekundete Werte, die etwa in Leitbildern, Zielen oder Strategien greifen.
- Grundannahmen, die unbewusst wirken – und häufig der stärkste Hebel sind.

Gerade diese Grundannahmen beeinflussen, was Menschen für „normal", „angebracht" oder „völlig ausgeschlossen" halten. Deshalb kann Kultur Veränderung tragen – oder auch blockieren.

Organisationen bestehen nie aus einer einzigen Kultur

Wichtig: Es gibt sie nicht, die eine Kultur. Jede Organisation besteht aus Subkulturen: Bereiche, Teams, Standorte, Professionen, sie alle haben eigene Kulturen. Entscheidend ist deshalb nicht Harmonie, sondern ein kultureller Minimalkonsens: ein gemeinsamer Kern an Prinzipien und Werten, der Orientierung schafft, ohne Unterschiede zu nivellieren. Dieser Minimalkonsens ermöglicht:

- Koordination über Teams hinweg,
- Identität trotz Vielfalt
- und Legitimation nach außen gegenüber Stakeholdern.

Mit anderen Worten: Kultur muss nicht einheitlich sein – aber sie braucht einen Rahmen, der verbindet. Auch ist sie nicht rein rational. Sie besteht aus:

- **Werten und Leitprinzipien** (Effizienz, Innovation, Sicherheit …),
- **Grundannahmen** (z. B. „Nur Leistung zählt"),
- **Narrativen** (z. B. „Hier kommt man nur mit Ellenbogen weiter"),
- **Erwartungen an Verhalten** (Wer darf wie widersprechen? Wie trifft man Entscheidungen?),
- sowie **vorherrschenden Gefühlen** wie Sicherheit, Angst, Stolz oder Gleichgültigkeit.

All das prägt die Stimmung eines Unternehmens – und wirkt sich massiv auf den Verlauf von Transformationen aus. Denn Emotionen bestimmen, ob Menschen sich öffnen oder verschließen, ob sie Neues aufnehmen und lernen oder blockieren.

Haltung: Der emotionale Kern der Kultur

Haltung beschreibt die innere Denkweise eines Menschen – geprägt durch Werte, Moral und Erfahrungen. Sie bestimmt, worauf wir unsere Aufmerksamkeit richten, wie wir Situationen deuten und wie wir anderen begegnen.

Wenn wir verstehen, wie tief Kultur in das Denken, Fühlen und Handeln einer Organisation verwoben ist, wird klar: Jede Veränderung trifft nicht nur Prozesse oder Strukturen – sie trifft das Fundament, auf dem Menschen ihren Alltag bauen. Genau hier beginnt der eigentliche Kraftakt. Denn eine Transformation kann nur dann greifen, wenn sie dieses kulturelle Gefüge mitnimmt und weiterentwickelt. Und damit wird deutlich:

Transformation geschieht nicht als ein einmaliger Akt, sondern als kontinuierlicher Prozess. Führung und Kommunikation können nur dann Orientierung geben, Vertrauen und die Möglichkeit für Feedback und Beteiligung schaffen, wenn sie permanent betrieben und hinterfragt werden. Die Herausforderung: KI-Transformationen sind komplex, schnell und emotional. Mitarbeitende fragen sich: „Was bedeutet das für mich?" Bleiben diese Fragen unbeantwortet, weil Kommunikation fehlt, füllt sich das Vakuum mit Gerüchten und Ängsten.

Wie oft ist oft genug?

Besonders entscheidend ist die richtige Frequenz. Zu wenig Kommunikation erzeugt Unsicherheit, zu viel erzeugt Überforderung. Hier gilt: lieber weniger, dafür relevanter – und immer konsistent. Das klingt einfach, ist aber in der Praxis oft eine Herausforderung. Denn gerade in der KI-Transformation überschlagen sich die Themen. Führungskräfte und Kommunikator*innen müssen entscheiden: Was ist jetzt wirklich wichtig? Was hilft den Menschen, den nächsten Schritt zu gehen? Was auch immer gesagt wird: Es muss anschlussfähig zu dem sein, was bereits gesagt wurde.

Wichtig: Kommunikation braucht es besonders dann, wenn es scheinbar nichts zu sagen gibt. Wir alle gähnen mittlerweile oft bei dem Satz „Man kann nicht nicht kommunizieren" vom Philosophen Paul Watzlawick. Dennoch ist seine Aussage bei Veränderungen eine der wichtigsten überhaupt. Kommunizieren wir nicht, füllt sich das Vakuum mit Unerwünschtem. In Umlauf geraten dann Gerüchte, Ängste, Altlasten und Behauptungen Anderer. Die Kommunikationshoheit geht verloren und das mühsam aufgebaute Konstrukt aus Veränderungsnarrativen und -botschaften bricht zusammen.

Ergänzend lässt sich sagen: „Es gibt nicht nichts zu kommunizieren." Dafür laufen genug Geschichten durch die Korridore der Unternehmen. Und die Projekte stehen auch nicht still.

1.4 Stakeholder gezielt ansprechen und einbinden

Begleiten wir eine KI-Transformation kulturell, dann sprechen wir nicht mit „der Belegschaft", sondern mit Menschen mit unterschiedlichen Rollen, Interessen, Ängsten und Informationsbedarfen. Ein gutes Stakeholder-Management ist deshalb immer auch eine Form der Risikoprävention.

Bevor wir also über KI-spezifische Formate sprechen, lohnt ein kurzer Blick auf die Basics: Welche Menschen und Gruppen sind betroffen? Wer hat Einfluss? Wer trägt Risiken? Wer ist Multiplikator – und wer Blockierer? Wenn diese Zuordnung fehlt, riskieren wir hohe Streuverluste, haben viel Aufwand und erzielen weniger Wirkung.

Ergänzend dazu lohnt sich der Blick auf klassische Werkzeuge wie Stakeholder-Mapping und Personas. Sie helfen, die Vielfalt der Perspektiven sichtbar zu machen und gezielt anzusprechen.

Stellen Sie sich vor: Ein 55-jähriger Fachbereichsleiter denkt und formuliert mit großer Wahrscheinlichkeit anders als eine 20-jährige Werkstudentin. Eine zwischengeschaltete KI, die die Präferenzen kennt, könnte Inhalte so anpassen, dass sie besser verstanden werden. Das ist Personalisierung.

Seit KI in den Hype kam, ist Hyperpersonalisierung, also die datenbasierte, KI-gestützte Individualisierung von Kommunikation in Echtzeit, eines der meistdiskutierten Anwendungsfelder. Die Möglichkeit, mit Chatbots wie ChatGPT die Tonalität zu variieren oder Personas zu imitieren, ist seit den frühesten Modellen da. Im Kundenservice ist es längst Standard, Kontakte möglichst individuell anzusprechen. In der Internen Kommunikation tut sich diese Entwicklung schwerer. Doch auch hier steckt enormes Potenzial für eine feinere Differenzierung – in einem ersten Schritt zwischen Mitarbeitenden und Führungskräften, Büro- und gewerblichen Mitarbeitenden und so weiter. In Zukunft wird auch die Interne Kommunikation alle Mitarbeitenden mit Vornamen ansprechen – schon jetzt gibt es Tools, die Meldungen im Intranet angepasst auf die Endnutzenden aufbereiten.

Unconscious Biases

KI kann Denkmuster und Voreingenommenheiten (Unconscious Biases) verstärken. Deshalb müssen wir als Kommunikator*innen sicherstellen, dass Personalisierung nicht zur Diskriminierung führt, sondern zur besseren Verständigung. Unconscious Biases sind unbewusste Wahrnehmungsverzerrungen – mentale Abkürzungen, die Entscheidungen beschleunigen, aber oft systematische Fehler erzeugen.

Psychologische Effekte prägen wesentlich, wie Menschen Informationen einordnen – und damit auch, wie sie Veränderungsprozesse bewerten. Für Führungskräfte und Kommunikationsverantwortliche ist es deshalb entscheidend, diese kognitiven Verzerrungen zu kennen. Nur so können Botschaften so formuliert werden, dass sie ihre Wirkung tatsächlich entfalten.

Beispiele für Biases, die durch unzureichende Kommunikation verstärkt werden können (s. Abb. 1.2):

Abb. 1.2 Unconscious Biases. (In Anlehnung an Kahneman (2011), Eigene Darstellung)

- Confirmation Bias: Menschen suchen nach Informationen, die ihre bestehende Meinung bestätigen – ein Befund, den bereits Nickerson (1998) als grundlegende kognitive Verzerrung beschrieben hat.
- Negativity Bias: Schlechte Nachrichten bleiben stärker im Gedächtnis als positive. Dieser Effekt ist gut dokumentiert, unter anderem durch Baumeister et al. (2001).
- Status-quo-Bias: Menschen bevorzugen Vertrautes und empfinden Veränderungen häufig als Risiko. Sie neigen dazu, an bestehenden Zuständen festzuhalten – ein Muster, das Samuelson & Zeckhauser (1988) empirisch gezeigt haben.
- Anker-Effekt: Die erste Information, die Menschen zu einem Thema erhalten, wirkt wie ein Anker und beeinflusst alle späteren Bewertungen. Dieser Effekt geht auf die Arbeiten von Tversky & Kahneman (1974) zu heuristischen Urteilsfehlern zurück.

Ein kurzer Exkurs: Die KI wird langsam, aber sicher selbst zu einem eigenen Stakeholder – und das verändert die Spielregeln der Kommunikation. Was bedeutet das konkret?

Schauen wir es uns an einem Beispiel an: Ein typischer Anwendungsfall von KI ist die Recherche von Informationen. Nutzende geben eine Anweisung an das Tool – und warten dann, während die KI die verfügbaren Inhalte durchsucht. Dass eine Maschine dabei grundsätzlich erstmal einen anderen „Blick" hat als ein Mensch, ist nachvollziehbar. Einen kurzen Moment später fasst die KI ihre Ergebnisse zusammen – eine Auswahl der Inhalte, die sie analysiert hat. Wie wählt die KI aus, welche Inhalte die relevantesten sind? Und wie schaffen wir es, dass unsere Inhalte ausgespielt werden? In der externen Kommunikation wird dieser Ansatz als „GEO" (Generative Engine Optimization) bezeichnet – eine Weiterentwicklung der Suchmaschinenoptimierung für generative KI-Systeme. Doch dieses Phänomen zeigt sich auch in anderen Bereichen. Beim Bewerbungsmanagement zum Beispiel, wo eintreffende Bewerbungen von einer KI vorsortiert werden. Oder auch bei internen Wissensdatenbanken, in denen Informationen aus dem Unternehmen gesammelt werden.

Um diesen Denkpfad zu untermauern, lohnt sich ein Blick auf ein bekanntes Modell – das Sender-Empfänger-Modell (Abb. 1.3). Das Modell geht zurück auf die Kommunikationsforschung von Claude E. Shannon und Warren Weaver (1949), die beschrieben haben, wie eine Information vom Sender zum Empfänger übertragen wird und welche technischen Störungen auf diesem Weg auftreten können.

Es zeigt den Weg einer Information vom Sender zum Empfänger. Auf diesem Weg passiert die Information das Sendegerät (z. B. Telefon), den Kanal (z. B. Funknetz) und das Empfängergerät (z. B. Telefon). An jeder Schnittstelle können Störungen entstehen, etwa schlechter Empfang, ein defektes Mikrofon oder ein beschädigter Lautsprecher. Dieses Modell betrachtet bewusst die rein technischen Störungen des Informationsflusses (Shannon & Weaver, 1949).

Weiterführendes zu Störungen in der zwischenmenschlichen Kommunikation, also den psychologischen Verzerrungen, Missverständnissen und Deutungsunterschieden, finden wir bei Friedemann Schulz von Thun (1981), der das Modell um die menschliche Ebene erweitert hat. Seine Arbeiten – insbesondere die Reihe „Miteinander reden" – zeigen, wie stark Interpretation, Beziehungsebene und Selbstoffenbarung die Wirkung einer Botschaft beeinflussen.

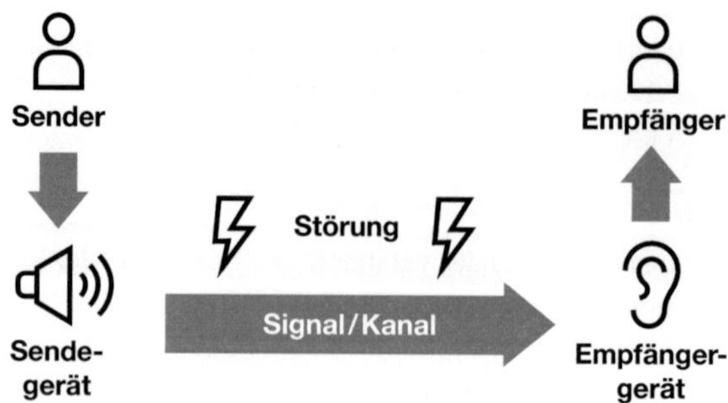

Abb. 1.3 Sender-Empfänger-Modell. (In Anlehnung an Shannon & Weaver (1949), Eigene Darstellung)

Mit KI bekommt der Störungs-Begriff nun eine neue Dimension. Inhalte werden durch technische Einflüsse nicht mehr nur verzerrt oder eliminiert, sondern auch inhaltlich verändert und – ohne, dass wir den Unterschied erkennen können – wieder ausgegeben. In der Kommunikation müssen wir das Bewusstsein dafür haben und auch bei unseren Zielgruppen schärfen.

Wenn KI also „mitkommuniziert", wird der nächste Faktor zwangsläufig zentral: Emotionen – und die kulturellen Unterschiede dahinter.

1.5   Kulturelle Unterschiede und Bedürfnisse berücksichtigen

Technologie ist neutral. Wir Menschen sind es nicht. Jede Organisation bringt ihre eigene Kultur mit, jede Person ihre eigene Geschichte. Und genau das macht die Kommunikation über KI so anspruchsvoll: Sie trifft auf unterschiedliche Vorprägungen, Erwartungen und Ängste.

Vielleicht hat Person A bisher gute Erfahrungen mit KI gesammelt. Person B aber nicht. Manche Menschen sind neugierig und veränderungsaffin, andere sicherheitsorientiert und skeptisch. Einige wollen Tempo, andere brauchen Zeit für Compliance und Datenschutz. So viele Menschen wie man fragt, so viele Antworten bekommt man auch. Diese Vielfalt ist kein Problem – sie ist die Realität, die Kommunikation sortieren muss.

Unsere Aufgabe als Kommunikator*innen: Diese Unterschiede sichtbar machen und ernst nehmen. Denn es gibt, gesellschaftlich wie organisatorisch, kaum ein größeres Risiko, als wenn sich Menschen nicht gesehen fühlen. Das führt zu Widerstand, Spaltung und im schlimmsten Fall zum Scheitern der Transformation. Um zu verstehen, warum die gleiche Botschaft völlig unterschiedliche Wirkungen entfalten kann, hilft ein kurzer Perspektivwechsel.

Unsere Grundbedürfnisse

Was für uns wirklich wichtig ist, prägt, wie wir Informationen aufnehmen und auf Veränderungen reagieren. Menschen benötigen Freude und positive Erlebnisse, Zugehörigkeit, Wirksamkeit und Gestaltungsspielräume, Orientierung und Sicherheit sowie Konsistenz im Verhalten ihrer Organisation (Abb. 1.4). Werden diese Bedürfnisse erfüllt, entstehen Vertrauen, Offenheit und Lernbereitschaft. Werden sie verletzt, etwa durch Unsicherheit, fehlende Transparenz oder widersprüchliche Signale, reagieren Menschen mit Rückzug, Skepsis oder Widerstand.

Aus diesem Grund wirken Botschaften zu KI nie neutral: Sie treffen auf unterschiedliche Bedürfnislagen. Für die einen bedeutet KI Entlastung und Per-

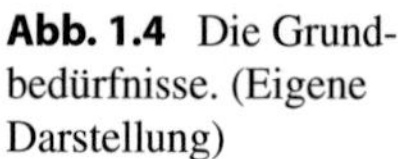

Abb. 1.4 Die Grundbedürfnisse. (Eigene Darstellung)

spektive, für die anderen Kontrollverlust oder Statusbedrohung. Kommunikation, die Grundbedürfnisse mitdenkt, schafft Sicherheit, Anschlussfähigkeit und echte Beteiligung.

Unterschiedliche Wahrnehmungen – Warum wir nicht alle dasselbe sehen

Das Weltenmodell (Abb. 1.5) erklärt, warum Menschen dieselbe Botschaft völlig unterschiedlich wahrnehmen. Jeder Mensch bringt seine eigene „Welt" mit: geprägt durch Erfahrungen, Werte, Erwartungen und Ängste. Diese Welten bestimmen, wie Informationen verarbeitet werden. Im Kontext der KI-Transformation bedeutet das: Was für die eine Person eine spannende Chance ist, wirkt für die andere wie eine Bedrohung. Vielleicht hat jemand schon positive Erfahrungen mit KI gemacht und sieht vor allem Effizienzgewinne. Eine andere Person denkt sofort an Kontrollverlust oder Arbeitsplatzunsicherheit. Diese Unterschiede sind normal – aber sie sind entscheidend für die Kommunikation.

Was heißt das für uns? Wir müssen Botschaften so gestalten, dass sie verschiedene Realitäten berücksichtigen. Das gelingt nur, wenn wir zuhören, Perspektiven verstehen und Formate schaffen, die Dialog ermöglichen. Kommunikation darf nicht davon ausgehen, dass „eine Botschaft für alle" funktioniert. Sie muss Brücken bauen zwischen den Welten und so die Akzeptanz für den Wandel fördern.

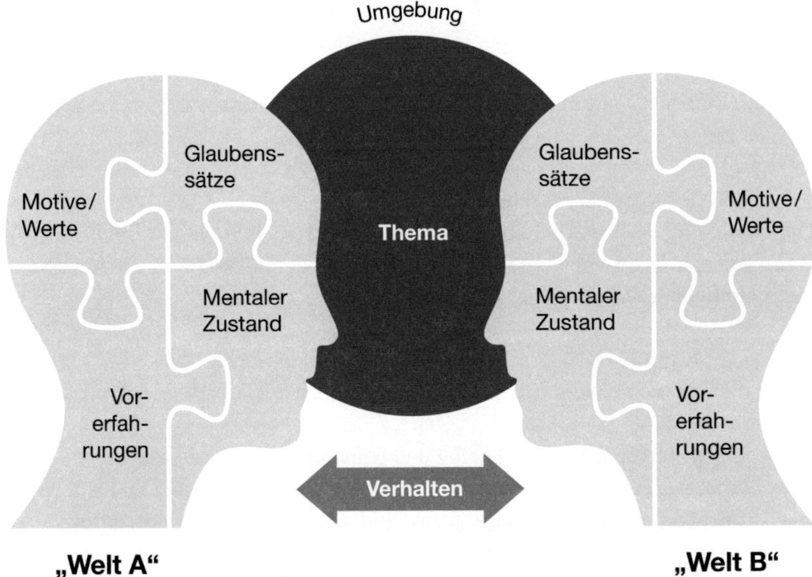

Abb. 1.5 Das „Weltenmodell". (in Anlehnung an diverse Grafiken zur Subjektivität von Wahrnehmung, Eigene Darstellung)

Unsere Grundüberzeugung in einer demokratisch geprägten Kultur: Alle Stimmen haben eine Daseinsberechtigung im Rahmen der vereinbarten Werte und Gesetze. Entsprechend breit gefächert muss auch die Kommunikation sein. Inklusion bedeutet im Kontext der KI-Transformation:

- Unterschiedliche technologische Affinitäten berücksichtigen (oft auch altersbedingt).
- Biases in Systemen erkennen und vermeiden.
- Formate schaffen, die niemanden ausschließen.

Praxisbeispiel: Wenn Kultur nicht mitgedacht wird
Kennen Sie das: Auf einer Tagung hören Sie einen Best Case: „AI Learning Journey, KI-Chatbot, neues Führungsmodell – alles in wenigen Monaten." Wir sind begeistert. Zurück im Büro kommt dann nach wenigen Wochen die Ernüchterung: „Schade, irgendwie passt vieles bei uns nicht." Warum? Weil kulturelle Unterschiede andere Interventionen und auch eine andere Art von Führung und Kommunikation bedingen.

Die Zahlen sprechen für sich: 7 von 10 Change-Projekte scheitern – fast immer am Themenfeld Kultur. Eine Strategie muss nicht nur zur Zukunftsausrichtung und den Kunden passen, sondern wir müssen auch das Kulturthema – also Führungs-, Kommunikations- und Veränderungsthemen bei ihrer Implementierung von Beginn an mitdenken.

Was heißt das für unsere Arbeit?
Die Gestaltung der Botschaften ist unser stärkster Hebel. Wenn wir die Perspektiven kennen, können wir Vertrauen schaffen – und damit die Basis für Akzeptanz und Beteiligung. Unsere Ziele sollten sein:

- Positive Narrative schaffen: KI als Chance, nicht als Bedrohung.
- Emotionen mitdenken: durch zielgruppengerechte klare Botschaften, die Sicherheit geben.
- Realitäten verbinden: durch Dialog und gemeinsamen Austausch.

▶ **Umsetzungstipp: KI-Erfolgsstorys und Quick Wins zur Motivation nutzen** Erfolg motiviert, das gilt auch in Transformationsprozessen. Wenn wir über KI sprechen, ist die Unsicherheit oft groß. Viele fragen sich: „Wie kann ich bestmöglich das Thema mitdenken?", „Schaffen wir den Sprung in die Zukunft?", „Wie sieht er konkret aus?".

Erfolgsstorys können diese Fragen schon im Vorfeld beantworten. Sie sind der Turbo für Akzeptanz und Energie. Sie machen abstrakte Konzepte greifbar und zeigen: Es funktioniert – und zwar nicht nur bei den anderen, in größeren Abteilungen oder Leuchtturmprojekten, sondern auch hier bei uns.

Storytelling ist dabei eine Schlüsselkompetenz. Denn Geschichten brauchen vor allem Emotionen, Menschen, Wendepunkte. Erzählen Sie, wie ein Team eine KI-Lösung getestet hat, welche Hürden es gab und wie sie überwunden wurden. Das schafft Nähe und Vertrauen. Es nimmt die Angst und es macht Lust, selbst aktiv zu werden.

Neben Erfolgsstorys sind Quick Wins unverzichtbar. Sie halten die Motivation hoch und geben früh Feedback: Funktioniert das, was wir tun? Müssen wir nachjustieren? In unserer Beratungspraxis sehen wir: Quick Wins sind nicht nur für die Organisation wichtig, sondern auch für die Argumentation gegenüber Stakeholdern. Sie zeigen Wirkung, schon bevor das große Ganze fertig ist.

Jetzt loslegen

Im deutschsprachigen Raum sind wir geprägt von einem Hang zur Sicherheit. Im Silicon Valley ist das Gegenteil Standard: radikales Ausprobieren mit minimaler Vorsicht. Die beste Lösung liegt – wie so oft – in der Mitte.

Wir dürfen uns trauen, mehr zu testen. Mit klaren Spielregeln natürlich. Wer sich zum Datenschutz abgestimmt hat und vielleicht eine Sandbox-Umgebung baut, kann loslegen, ohne gleich alle Daten preiszugeben.

Und hier kommt ein Prinzip aus der Produktentwicklung ins Spiel: MVP – Minimum Viable Product. Ein MVP ist eine erste, funktionsfähige Version, die schnell getestet werden kann. Das bringt nur Vorteile:

- Das „Produkt" ist früher einsatzbereit.
- Sie bekommen Feedback aus der Praxis.
- Sie können früh gegensteuern und Fehlinvestitionen vermeiden.

Kurz gesagt: Wer wartet, bis alles perfekt ist, verliert Zeit. Wer startet, gewinnt Erkenntnisse – und oft auch Begeisterung. Daraus ergeben sich in einer KI-Einführung ganz typische Phasen.

1.6 Typische Phasen einer KI-Einführung

Die Einführung von KI sollte als Prozess betrachtet werden, nicht als Projekt. Denn ein Ende ist nicht in Sicht. Und Transformation gelingt schlecht im Sprint, viel besser in Sequenzen. Das gilt auch für die KI-Transformation. Sie braucht klare Etappen, weil Tempo in Kombination mit Unsicherheit zu Chaos führt. Eine gute Roadmap hingegen beruhigt – und sie macht Mut. Denn sie zeigt: Auch komplexe KI-Themen werden machbar, wenn wir sie in verständliche Schritte zerlegen.

Phase 1 – die Planung beginnt
Wählen Sie ein Projekt aus, das sich zum Testen eignet, das überschaubar ist, aber Wirkung zeigen kann. Stellen Sie sich auch die unbequemen Fragen:

- Welches Zielbild verfolgen wir (wirklich)?
- Welche Auswirkungen hat das auf Rollen und Verantwortung?
- Wer wird sich bedroht fühlen – und warum?
- Welche Haltung wollen wir fördern?

Schon hier darf das Narrativ mitgedacht werden. Bei einer KI-Einführung wird immer auch ein neues Verständnis von Verantwortung eingeführt. Bei einer Automatisierung etwa verschieben sich die Entscheidungslogiken. So ein Thema gehört bereits in die Planungsphase, nicht erst in die Begleitkommunikation zum Go-live.

Phase 2 – der Pilot

Jetzt darf es konkret werden. Aber bitte im Kleinen. Wählen Sie eine klar umrissene Anwendung, einen Bereich, der überschaubar ist. Ein Use Case mit echtem Mehrwert.

Und vor allem: Sprechen Sie eine klare Einladung aus: „Wir probieren aus, um zu lernen." Diese Haltung wird über den Erfolg des Projekts maßgeblich mitentscheiden.

Nehmen wir unser Praxisbeispiel von Müller & Partner. Wäre hier von Beginn an offen kommuniziert worden „Wir wollen verstehen, was an welcher Stelle hilft" dann wäre die Richtung klar gewesen. Es ginge dann nicht um „Wird das ein Abbauprojekt?", sondern um „Was können wir besser machen?" „Wie können wir Technik und Menschen zusammen erfolgreich machen?" Eine völlig andere Haltung.

Eine Pilotphase ist ein geschützter Lernraum. In ihm werden keine Ergebnisse kommuniziert, sondern Erkenntnisse gesammelt. Das schafft Vertrauen und verhindert, dass Ängste entstehen.

Noch bevor die Technik live geht, müssen Geschichten entstehen. Warum machen wir das? Was bedeutet das für uns? Entwickeln Sie drei Kernbotschaften, die Sicherheit geben, zum Beispiel:

- „KI erweitert unsere Möglichkeiten."
- „Wir bleiben verantwortlich für die Ergebnisse."
- „Wir gewinnen Zeit für das, was zählt."

Diese Botschaften sind der rote Faden für alle Kanäle – von der Townhall bis zum Intranet.

> **Praxis-Tipp:** Nutzen Sie emotionale Sprache. Statt „Wir implementieren KI." lieber „Wir schaffen Raum für das, was uns wichtig ist." Das macht den Unterschied zwischen Technik und Sinn.

Phase 3 – Der Rollout
Jetzt erlebt die Organisation real, dass sich etwas verändert. Während der Pilot ein geschützter Raum war, in dem es ums Lernen ging, wird der Rollout zur **praktischen Bewährungsprobe** für Prozesse, für Führung und besonders für die Kommunikation.

Was jetzt zählt: **Klarheit für den Alltag.**

Mitarbeitende stellen nicht mehr hypothetische Fragen, sondern sehr konkrete:

1. Was genau soll ich jetzt tun – und wie die Dinge anders machen?
2. Bleibt meine Verantwortung bestehen? Erweitert oder verändert sie sich?
3. Was passiert, wenn ich der KI widerspreche?

Hier hat Kommunikation ihren größten Hebel. Sie übersetzt, ordnet ein und schafft Orientierung:

- Was bedeutet die Veränderung für Betroffene?
- Welche Erwartungen gelten für Führungskräfte?
- Welche Grenzen hat die KI – und welche Entscheidungen bleiben bewusst menschlich?

Eine zweite Aufgabe in dieser Phase: **Erfolge sichtbar machen.**

Diese kleine Maßnahme kann enorme Wirkung entfalten. Quick Wins zeigen, dass der Einsatz der KI nicht abstrakt bleibt, sondern sofort spürbar wird: „Seit wir das Tool für Terminbuchungen nutzen, sparen wir zwei Stunden pro Woche – Zeit, die wir jetzt für echte Beratung nutzen."

Es sind diese Geschichten, die Unsicherheiten abbauen und Energie freisetzen. Sie zeigen, dass die Veränderung nicht nur „fürs Unternehmen" passiert, sondern auch **für die Menschen,** die darin arbeiten. Der Rollout ist damit nicht der Abschluss der Einführung – sondern die Phase, in der **Akzeptanz entsteht.**

Phase 4 – Optimieren und verankern
Ist die KI live, beginnt die Phase, die am seltensten ernst genommen wird – aber über den Erfolg entscheidet: die Verankerung. Hier zeigt sich, ob die Veränderung **nur eingeführt** oder wirklich **angenommen** wurde. Typisch ist ein gemischtes Bild:

Einige Teams nutzen die KI selbstverständlich. Andere tasten sich heran. Wieder andere vermeiden sie – nicht aus Ablehnung, sondern aus Unsicherheit.

Das ist normal. Deshalb braucht es jetzt:

1. **Regelmäßige Reflexion**
   Was funktioniert gut? Was irritiert? Was fehlt? Diese Fragen sollten bewusst gestellt werden – in Teamrunden, kurzen Check-ins oder durch Feedbackschleifen.
2. **Austausch über Erfahrungen**
   Erfahrungen müssen geteilt werden, weil sie Orientierung geben. „Was hat uns geholfen?" ist oft die wirkungsvollere Frage als „Was sagt die Anleitung?".
3. **Kleine Rituale**
   Mini-Formate wie „3 Minuten Beschäftigung mit KI", kurze Lernimpulse im Intranet oder ein wöchentliches „Was hat die KI erleichtert?" helfen, das Neue zu normalisieren.
4. **Führung, die dranbleibt**
   Verankerung braucht Zeit und Raum. Diese Phase ist weniger sichtbar, aber entscheidend.

   Denn hier entscheidet sich, ob die KI eine technische Lösung bleibt oder Teil der neuen Arbeitskultur wird.

> ▶ **Praxis-Tipp:** Etablieren Sie kleine „Learning Nuggets" im Intranet, kurze Peer-Austauschformate und Führungskräfte, die zeigen: „Ich nutze das auch – und so mache ich es."

Verankerung muss zwar organisiert werden, ist aber kein Administrations-, sondern eben auch ein Kulturthema.

Der Teufel steckt häufig im Detail. Grund genug für uns, einen Blick auf mögliche Stolperfallen zu werfen.

1.7   Die größten Stolperfallen und wie man sie vermeidet

Die Einführung von KI ist komplex, schnell und emotional. Und genau deshalb lauern überall Stolperfallen, die den Prozess ausbremsen oder sogar scheitern lassen können. Die gute Nachricht: Wer sich mit einem Großteil davon schon mal beschäftigt hat, kann sie entschärfen. Kommunikation ist dabei der stärkste Hebel – und unser effektivstes strategisches Werkzeug.

Stolperfalle 1: Fehlende Transparenz – das Vakuum der Gerüchte
Wenn Informationen fehlen, entstehen Geschichten. Und diese Geschichten sind selten positiv. Gerüchteküchen kochen schnell. Mitarbeitende fragen sich: „Was bedeutet das für mich?", „Braucht man mich noch?"

Was tun? Kommunizieren Sie frühzeitig – auch wenn noch nicht alles klar ist. Sätze wie „Wir wissen noch nicht alles, aber wir nehmen Sie mit" schaffen Vertrauen. Transparenz bedeutet nicht, jede technische Detailfrage sofort beantworten zu können. Es bedeutet, Orientierung zu geben und Unsicherheit nicht sich selbst zu überlassen.

Stolperfalle 2: Informationsflut – zuviel des Guten
Das Gegenteil von Schweigen ist nicht gleich Reden ohne Punkt und Komma. Zu viele Informationen erzeugen Überforderung. Wenn jede Woche neue Updates kommen, ohne klare Priorisierung und vor allem ohne Einordnung, dann entsteht Chaos.

Was tun? Weniger, aber relevanter. Setzen Sie Prioritäten und bündeln Sie Botschaften. Fragen Sie sich: „Was hilft den Menschen, den nächsten Schritt zu gehen?" – nicht: „Was haben wir alles zu sagen?"

Stolperfalle 3: Angst vor Jobverlust – der emotionale Bremsklotz
KI wird auch als Bedrohung wahrgenommen. „Braucht man mich noch?" ist eine der häufigsten Fragen. Diese Angst ist rational – und sie verdient Aufmerksamkeit.

Was tun? Gestalten Sie Narrative: „KI erweitert unsere Möglichkeiten." Zeigen Sie konkrete Beispiele: „Unser Chatbot übernimmt Routinefragen, damit wir mehr Zeit für Kunden haben." Emotionen steuern heißt: Sicherheit geben, bevor Panik entsteht.

Stolperfalle 4: Unklare Rollen – wer macht was?
Wenn niemand weiß, wer verantwortlich ist, entsteht Stillstand. IT denkt, sie führt das Projekt. HR glaubt, es gehe um Kultur. Kommunikation wartet auf Ansagen.

Was tun? Rollen-Canvas einführen. Machen Sie sichtbar: Wer verantwortet Technik? Wer Kultur? Wer Kommunikation? Klarheit sorgt für mehr Tempo.

Stolperfalle 5: Kein klares Zielbild – Orientierungslosigkeit
„Wohin geht die Reise?" Wenn diese Frage unbeantwortet bleibt, entsteht Unsicherheit. Menschen brauchen ein Bild der Zukunft als realistische Vision.

Was tun? Entwickeln Sie ein Zukunftsbild und aktualisieren Sie es regelmäßig. Zeigen Sie, wohin KI führen kann, und was das für die Organisation und die Menschen darin bedeutet.

1.8   Quick Wins für den Start

Erfolge motivieren. Quick Wins sind der Turbo für Akzeptanz und Energie. Sie zeigen: „Es funktioniert – und zwar jetzt." Sie machen das Neue greifbar und nehmen die Angst vor dem Unbekannten.

Warum Quick Wins so wichtig sind

In Transformationsprozessen ist die Unsicherheit oft groß. Mitarbeitende fragen sich: „Schaffen wir das?", „Wie sieht das konkret aus?" Wenn diese Fragen unbeantwortet bleiben, entsteht Stillstand. Quick Wins sind die Antwort. Sie zeigen, dass KI nicht nur eine Wunschvorstellung ist, sondern Realität werden kann – Schritt für Schritt. Sie sind der Beweis, dass sich der Aufwand lohnt.

Was einen Quick Win ausmacht

Ein Quick Win ist kein Zufallstreffer. Vielmehr erfüllt er drei Kriterien:

- **Schnell umsetzbar:** Kein Mammutprojekt, sondern ein überschaubarer Schritt.
- **Sichtbarer Nutzen:** Mitarbeitende müssen den Vorteil spüren, am besten sofort.
- **Kommunizierbar:** Der Erfolg muss erzählt werden können, emotional und verständlich.

Beispiele für Quick Wins

- Automatisierte Terminbuchung: Spart Zeit, sofort erlebbar. Die Botschaft: „KI nimmt uns nicht die Arbeit, sie gibt uns Zeit für das, was uns wichtig ist."
- KI-gestützte FAQ: Reduziert Routinefragen, schafft Freiraum für komplexe Aufgaben.
- Pilotprojekte mit sichtbarem Nutzen: Ein Chatbot für interne Services, der einfache Anfragen beantwortet – und damit die Service-Teams entlastet.

Wie Quick Wins wirken

Quick Wins sind mehr als technische Erfolge. Sie sind emotionale Anker. Sie zeigen: „Wir können das." Und sie schaffen Argumente – für Führungskräfte, die den Nutzen belegen müssen, und für Mitarbeitende, die Sicherheit brauchen. Sie sind der erste Schritt, um aus Skepsis Energie zu machen.

Kommunikation ist der Schlüssel

Ein Quick Win, der nicht kommuniziert wird, ist kein Quick Win. Machen Sie Erfolge sichtbar – in Townhalls, im Intranet, in persönlichen Geschichten. Erzählen Sie nicht nur, was funktioniert, sondern warum es wichtig ist. Nutzen Sie emotionale Sprache: „Wir gewinnen Zeit für das, was zählt" statt „Wir haben einen Prozess optimiert".

▶ **Praxis-Tipp:** Nutzen Sie Quick Wins als Argumentationshilfe gegenüber Management und Belegschaft. Sie sind der Beweis, dass KI nicht nur Vision, sondern Realität ist. Und sie sind der Startpunkt für eine positive Veränderungsdynamik.

1.9 Formate für Dialog und Beteiligung

Beteiligung ist kein „Nice to have". Sie ist der Schlüssel für Akzeptanz und Tempo in der KI-Transformation. Wer mitreden kann, fühlt sich sicherer. Wer Fragen stellen darf, baut Vertrauen auf. Und wer aktiv beteiligt ist, entwickelt Stolz statt Angst. Deshalb braucht es Formate, die Dialog ermöglichen – nicht als Einbahnstraße, sondern als echten Austausch.

Warum Beteiligung so entscheidend ist

Veränderung erzeugt Unsicherheit. Menschen wollen wissen: „Was bedeutet das für mich?" Ohne Antwort entsteht Widerstand. Beteiligung ist die Antwort. Sie macht aus passiven Betroffenen aktive Gestalter. Sie schafft psychologische Sicherheit – und die ist die Basis für Innovation.

Formate, die wirken

Townhalls – Klarheit und Nähe schaffen: Townhalls sind mehr als Informationsveranstaltungen. Sie sind Räume für Transparenz und Dialog. Führungskräfte zeigen Präsenz, beantworten Fragen und nehmen Sorgen ernst. Wichtig: Keine Hochglanzpräsentationen, sondern ehrliche Gespräche.

▶ **Praxis-Tipp:** Planen Sie Q&A-Zeiten großzügig ein. Und: Bereiten Sie Führungskräfte vor, damit sie nicht nur Fakten liefern, sondern Haltung zeigen.

KI-Buddy-Programme – Lernen durch Mitmachen: Freiwillige testen KI, geben Feedback und werden Multiplikatoren. Das schafft Nähe zum Thema und reduziert Angst. Wer selbst ausprobiert, versteht schneller – und erzählt anderen davon.

▶ **Praxis-Tipp:** Machen Sie die Buddys sichtbar. Porträts im Intranet, kurze Erfahrungsberichte, vielleicht ein Video: „Mein erster Tag mit KI."

Interne Communitys – Austausch statt Monolog

Plattformen für Fragen, Best Practices und Diskussionen. Hier entsteht kollektives Lernen. Wichtig: Moderation, damit Diskussionen konstruktiv bleiben.

▶ **Praxis-Tipp:** Starten Sie mit einem klaren Thema, z. B. „KI im Alltag – Tipps und Erfahrungen". So vermeiden Sie, dass die Community im Leerlauf beginnt.

Weitere Beteiligungsformate für mehr Vielfalt

- **Dialog-Workshops – Tiefe statt Breite**
  Kleine Gruppen, moderiert, mit klarer Fragestellung: „Was bedeutet KI für unsere Arbeit?"
  Mehrwert: Weniger Hemmschwelle als in großen Townhalls, mehr Raum für ehrliche Diskussion.
  Impuls: Kombinieren Sie Workshops mit kreativen Methoden wie „World Café" oder „Design Thinking", um Ideen für KI-Anwendungen zu sammeln.
- **Digitale Feedback-Plattformen – Beteiligung ohne Barrieren**
  Online-Tools, in denen Mitarbeitende Fragen stellen, Ideen einreichen und über Vorschläge abstimmen können.
  Mehrwert: Niedrige Zugangshürde, besonders für hybride Teams.
  Impuls: Ergänzen Sie die Plattform mit regelmäßigen „Ask-Me-Anything"-Sessions, in denen Führungskräfte Fragen live beantworten.
- **KI-Lernreisen – Beteiligung durch Wissen**
  Interaktive Lernformate, die Mitarbeitende Schritt für Schritt an KI heranführen – kombiniert mit Austausch.
  Mehrwert: Beteiligung durch Lernen, nicht nur durch Meinung.
  Impuls: Gamification-Elemente einbauen („KI-Challenges"), um Motivation zu steigern.

- **Peer-Groups und Communities of Practice – Lernen im Netzwerk**
  Teams oder Fachgruppen, die sich regelmäßig zu KI-Themen austauschen.
  Mehrwert: Wissen wird geteilt, Ängste werden abgebaut.
  Impuls: Schaffen Sie Rollen wie „KI-Champions", die Diskussionen moderieren und Best Practices verbreiten.
- **Reverse Mentoring – Hierarchien aufbrechen**
  Jüngere Mitarbeitende oder Digital Natives begleiten Führungskräfte bei der Nutzung von KI.
  Mehrwert: Fördert gegenseitiges Lernen und baut Berührungsängste ab.
  Impuls: Kommunizieren Sie den Nutzen klar: „Wir lernen voneinander – in beide Richtungen."
- **Experimentierfelder (Sandboxes) – Ausprobieren ohne Risiko**
  Bereiche, in denen Mitarbeitende KI-Tools testen können, ohne Risiko.
  Mehrwert: Beteiligung durch Ausprobieren, fördert Innovationsfreude.
  Impuls: Dokumentieren Sie Erfahrungen und teilen Sie sie als „Lessons Learned".
- **Storytelling-Formate – Nähe durch echte Geschichten**
  Erfahrungsberichte von Mitarbeitenden, die KI bereits nutzen.
  Mehrwert: Authentische Stimmen schaffen Vertrauen.
  Impuls: Nutzen Sie kurze Videos oder Blogposts im Intranet: „Mein erster Tag mit KI."

Wie Beteiligung sichtbar wird

Beteiligung wirkt nur, wenn sie gesehen wird. Zeigen Sie Fotos aus Townhalls, Stimmen der KI-Buddys, Erfolgsgeschichten aus Communitys. Das signalisiert: „Hier passiert etwas – und du kannst Teil davon sein."

Beteiligung ist kein Zusatzprogramm. Sie ist das Fundament für Vertrauen und Tempo. Wer mitreden darf, geht Veränderungen leichter mit.

1.10   Key Takeaways

- Kultur und Kommunikation sind das Rückgrat einer jeden KI-Transformation – emotional, dialogorientiert und kontinuierlich.
- Orientierung entsteht durch klare Etappen: pilotieren, kommunizieren, ausrollen, verankern.
- Transparenz und ein klares Zielbild verhindern Gerüchte, Unsicherheit und Widerstände.

- Quick Wins erzeugen Momentum: Sie machen Erfolge sicht-, spür- und erzählbar.
- Beteiligung ist ein solides Fundament: Dialogformate schaffen Vertrauen und Akzeptanz.
- Personalisierung und kulturelle Sensibilität erhöhen die Präzision der Kommunikation.

Damit haben wir im ersten Kapitel gezeigt, *wie* KI-Einführungen kommunikativ gelingen können: über Phasen, Zielgruppenlogik, Kultur- und Emotionsarbeit. Im zweiten Kapitel drehen wir die Perspektive: Wir schauen tiefer auf das Fundament: Kultur, Führung und Kommunikation als Basis unserer Organisation.

Die Einflüsse von Kultur, Kommunikation und Führung

2

Die Einführung von KI stellt Organisationen vor eine doppelte Herausforderung: Sie ist technologisch komplex und kulturell tiefgreifend. Sie verändert nicht nur Tools, Prozesse und Strukturen, sondern auch Zusammenarbeit, Selbstverständnisse und Rollen. Genau aus diesem Grund brauchen Unternehmen heute Führung, die Orientierung gibt, Kommunikation, die verbindet und Kulturarbeit, die Raum schafft für das Neue.

Führungskräfte stehen zunehmend vor der Situation, Entscheidungen treffen zu müssen, deren technologische Tiefe sie nicht mehr vollständig überblicken können. Gleichzeitig wächst die emotionale Unsicherheit im Unternehmen. Kommunikation wird deshalb mehr und mehr zur Brücke – und Kultur zur Grundlage jeder Transformation.

2.1 Drei Thesen zum Einstieg

- **Führung ist heute neben Steuerung auch Begleitung.**
  Klassische Hierarchien haben an Bedeutung verloren. Führung wird deshalb weniger zur Frage des Wissens und der Entscheidungsbefugnis, sondern stärker zu einer Frage der Haltung. Führungskräfte müssen Räume schaffen, für Austausch, Lernen und Entwicklungen.
- **Kommunikation ist eine Querschnittskompetenz.**
  Klug eingesetzt verbindet sie Silos, schafft Orientierung und vermittelt Sinn. In KI-Zeiten steigt ihre Bedeutung im Unternehmen weiter, weil Unsicherheit wächst und Wissen schneller zirkuliert.

© Der/die Autor(en), exklusiv lizenziert an Springer Fachmedien Wiesbaden GmbH, ein Teil von Springer Nature 2026
A. Montua, A. Fedder, *KI-Transformation von innen heraus gestalten*, essentials, https://doi.org/10.1007/978-3-658-51629-1_2

- **Kultur entscheidet über Tempo und Erfolg.**
  Technologie erzeugt Geschwindigkeit – aber nur kulturelle Einbettung schafft Akzeptanz, Vertrauen und Beteiligung.

Wie schnell diese drei Thesen in der Praxis relevant werden, zeigt unser nächstes Beispiel.

2.2   Ein Beispiel aus der Praxis

Vielleicht erinnern Sie sich an das erste KI-Projekt von Müller & Partner: den automatisierten Rechnungslauf. Ein sauberer Pilot, ein klares Zielbild, erste positive Effekte. Und wie es oft so ist: Kaum läuft das eine Projekt, startet im Unternehmen schon das nächste.

Diesmal war es ein KI-Chatbot für den Kundenservice. Die technische Seite funktionierte vielversprechend. Die IT war begeistert, das Management drängte auf Tempo. Nur eines wurde unterschätzt: die Wirkung auf die Menschen.

Ein kurzer Hinweis im Intranet („Wir testen KI im Kundenservice.") sollte reichen. Tat er aber nicht. Innerhalb weniger Tage bildete sich das, was in Veränderungsprozessen immer entsteht, wenn Kommunikation zu spät kommt: ein Vakuum. Und dieses Vakuum füllte sich mit Gerüchten.

„Ersetzt der Chatbot komplett unsere Arbeit?"
„Was kommt als Nächstes?"
„Ist unsere Arbeit nicht sinnvoll gewesen all die Jahre?"

Die Technologie lief stabil, die Emotionen aus dem Ruder. Erst als die Unternehmenskommunikation hinzukam, bekam das Projekt Halt. Ein konsistentes Narrativ wurde definiert und klare Grenzen aufgezeigt: Was kann KI? Was kann sie nicht? Wie sollten wir unsere Arbeitsweisen verändern, was sollten wir lernen? Es enstanden offene Q&A-Runden, in denen alles gefragt werden durfte. Führungskräfte wurden befähigt, die Unsicherheit im Team aufzufangen.

Nach wenigen Wochen wandelte sich die Stimmung. Noch nicht in Jubel – aber in Verständnis. Und in das Gefühl, dass KI kein Kontrollverlust ist, sondern ein gestaltbarer Prozess, wenn man ihn kommunikativ begleitet, Beweggründe nachvollziehbar macht und die Notwendigkeit der Veränderung erläutert.

2.3   Kommunikation ist eine Querschnittskompetenz

Kommunikation geschieht überall. Sie ist keine exklusive Aufgabe einer Abteilung, sondern eine Aktivität aller Personen im Unternehmen, in der HR-Abteilung, in der IT, in der Führungsebene. Jede Interaktion, jede Entscheidung, jede E-Mail prägt die Wahrnehmung und Kultur.

Mit diesem Bewusstsein wird klar: Es braucht Befähigung für Kommunikation an allen Stellen. Oder zumindest eine enge Verbindung zur Kommunikationsabteilung, damit Botschaften gesteuert, verbunden und geteilt werden können. Praktisch heißt das: Ohne Strukturen für Informationsflüsse entsteht Schweigen – und Schweigen wird in Transformationen immer von irgendjemandem oder irgendetwas gefüllt. Es entstehen Deutungen, die selten korrekt und noch seltener hilfreich sind. Mitarbeitende müssen verstehen können, warum etwas passiert. Dafür müssen Führungskräfte erklären können, was sich ändert. Dies zu ermöglichen, ist Aufgabe der Kommunikation.

Kommunikation wirkt dabei nicht direkt auf alle Mitarbeitenden zugleich, sondern vor allem über Führung. Kommunikationsabteilungen schaffen Orientierung, Sprache und Deutungsrahmen, Führungskräfte übersetzen diese in den Alltag. Sie sind die Schnittstelle zwischen strategischer Erzählung und gelebter Realität. Wenn Kommunikation Führung befähigt, erklärt sie nicht nur *was* sich ändert, sondern auch *warum, wie* und *was das konkret für die eigene Arbeit bedeutet*. Erst im Zusammenspiel entsteht Wirkung: Kommunikation liefert Haltung, Narrative und Klarheit; Führung macht sie anschlussfähig, beantwortet Fragen und hält Spannungen aus. Mitarbeitende erleben Veränderung dann nicht als anonyme Maßnahme, sondern als nachvollziehbaren Prozess. Fehlt diese Kette, entsteht – Sie ahnen es – ein Vakuum. Und dieses wird gefüllt mit Gerüchten, Unsicherheit und Widerstand.

Exkurs: Das Content-Netzwerk als Lösung

In unserer Beratungsarbeit sehen wir häufig, dass Kommunikationsabteilungen Schwierigkeiten haben, Inhalte aus dem Unternehmen einzusammeln. Es passiert unglaublich viel – neue Projekte und Innovationen, Erfolgsgeschichten –, aber die Informationen fließen nicht zu einem nachvollziehbaren Gesamtbild zusammen. Die Folge: Mitarbeitende fühlen sich schlecht informiert, Beteiligte fühlen sich nicht gesehen, Potenziale bleiben ungenutzt.

Hier unterstützt ein **Content-Netzwerk**. In den Fachbereichen werden Botschafter*innen oder Multiplikator*innen benannt, die ein geschärftes Bewusstsein für Kommunikation haben. Sie werden geschult und übernehmen die Verantwortung, Themen oder Inhalte an die Kommunikationsabteilung weiterzugeben. So entsteht ein Netzwerk, das Informationen bündelt und den Austausch beschleunigt.

Die Weiterentwicklung dieses Modells sind **Corporate Influencer*innen**. Sie bereiten Inhalte nicht nur vor, sondern veröffentlichen sie selbst – intern oder sogar extern. Das kann mit klarem Fokus auf interne Themen geschehen oder als Teil der Arbeitgebermarke nach außen wirken. Corporate Influencer*innen geben der Organisation ein Gesicht und schaffen Nähe, die klassische Kanäle oft nicht erreichen.

Warum ist das wichtig? Weil Kommunikation im KI-Zeitalter nicht mehr nur „Senden" bedeutet. Sie ist ein strategisches Instrument, das alle Bereiche verbindet. Sie muss als Querschnittskompetenz verstanden und gefördert werden.

2.4 Kommunikation als Brücke zwischen Technik und Mensch

Technik allein schafft keine Akzeptanz. Erst die Kommunikation übersetzt Komplexität in Sinn und Orientierung. Von den Kinderschuhen in die Alltagsschuhe, von den Alltags- in die Sportschuhe. So lässt sich die Entwicklung der Internen Kommunikation (IK) in den zurückliegenden Jahren beschreiben. In Zukunft wird sie noch stärker zum Innovationstreiber im Unternehmen und damit zu den hippen Designerschuhen werden.

Die Interne Kommunikation wird so zum Navigationssystem im Wandel. Ihre Rolle verändert sich radikal. Sie sortiert, erklärt, verbindet, stabilisiert. Sie ist nicht mehr Zustellerin von Informationen, sondern ordnet Veränderungen ein. Sie sammelt Impulse, stößt Themen an, sie schafft Bewusstsein und prägt die Kultur. Das bringt sie in eine Schlüsselrolle in der KI-Transformation.

Dabei behält die Kommunikation zahlreiche bereits bekannte Rollen: einerseits als operative Unterstützung. Sie ist nah an den Menschen, erstellt Inhalte für Screens, Flyer, E-Mails, Intranet-Beiträge, Videos und vieles mehr. Sie sorgt dafür, dass Informationen dort ankommen, wo sie gebraucht werden.

Andererseits arbeitet die Kommunikation sehr strategisch. Sie erkennt relevante Trends für das Unternehmen, begleitet Organisationsentwicklung, prägt die Kultur und sorgt dafür, dass die großen Linien des Wandels verstanden werden. Sie ist die Brücke zwischen Technik und Menschen – und diese Brücke muss stabil sein.

Kommunikation wirkt nicht im luftleeren Raum, sondern in einem energetischen Feld – geprägt von Emotionen, Erfahrungen und dem Vertrauen in die eigene Organisation. Das Modell geht auf das Konzept der organisationalen Energie nach Bruch & Vogel (2009) zurück. Die vier Energiezustände zeigen, in welchem Modus sich ein Unternehmen befindet und welche Form der Kommunikation in diesem Zustand überhaupt Wirkung entfalten kann (Abb. 2.1). Sie sind damit ein diagnos-

Abb. 2.1 Energiezustände in Organisationen. (In Anlehnung an Bruch & Vogel (2009), Eigene Darstellung)

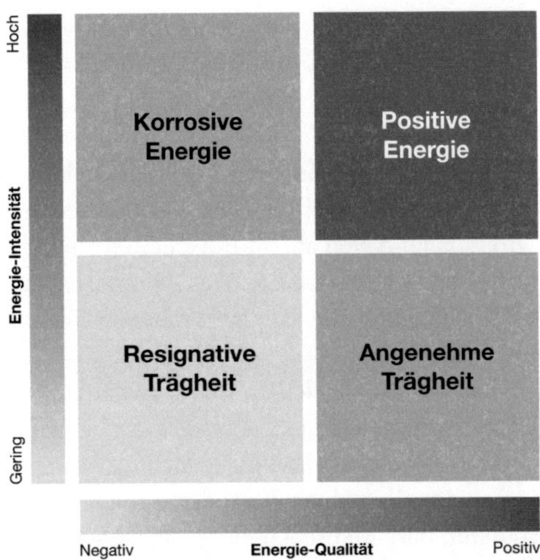

tisches Instrument, das erklärt, warum gleiche Botschaften unterschiedliche Reaktionen auslösen – und welche Interventionen in welchem Feld sinnvoll sind:

- **Positive Energie** entsteht dort, wo psychologische Sicherheit, Orientierung und ein konstruktives Narrativ vorhanden sind. Kommunikation kann hier beschleunigen: Sie verstärkt Momentum, verbindet Teams und macht Erfolge sichtbar. KI-Transformationen profitieren in dieser Phase besonders stark von Quick Wins, Beteiligungsformaten und Storytelling.
- **Angenehme Trägheit** beschreibt Organisationen, die stabil, aber wenig beweglich sind. Hier muss mithilfe von passgenauer Kommunikation die Energie erhöht werden: durch klare Zielbilder, wiederkehrende Impulse und Relevanz. Ohne bewusste Aktivierung bleibt KI ein Randthema – interessant, aber nicht handlungsleitend.
- **Resignative Trägheit** zeigt sich, wenn Menschen sich nicht mehr einbringen wollen. Die Energie ist niedrig, die Qualität der Arbeit ist negativ. In diesem Zustand greifen weder Appelle noch Motivationskampagnen. Kommunikation muss hier Sicherheit schaffen, zuhören, Erwartungen klären und Beteiligung ermöglichen. Erst dann, wenn Zugehörigkeit und Wirksamkeit wieder spürbar werden, entsteht Bewegung.
- **Korrosive Energie** ist der kritische Zustand: hohe Intensität trifft auf negative Qualität. Misstrauen, Überforderung oder offene Konflikte dominieren. Kommunikation muss hier stabilisieren und Grenzen setzen. Transparenz, klarer

Zweck und ein konsistentes Narrativ sind essenziell, bevor überhaupt Veränderungsenergie aufgebaut werden kann. KI-Projekte scheitern in diesem Zustand besonders häufig, wenn die organisationale Spannung ignoriert wird.

Wir sehen: Kommunikation erzeugt nicht nur Bedeutung, sondern fungiert vor allem auch als Energiegeber. Wie schnell und wie tief eine KI-Transformation wirkt, hängt davon ab, ob Botschaften auf einen Zustand treffen, der Orientierung ermöglicht oder blockiert. Wer Energiezustände versteht, kommuniziert präziser – und baut damit die Brücke zwischen Technik und Mensch dort, wo sie wirklich trägt.

Warum ist es wichtig? Weil Technik allein keine Akzeptanz schafft. KI kann Prozesse beschleunigen, aber sie kann keine Emotionen managen. Kommunikation und HR übersetzen komplexe technische Inhalte in verständliche Botschaften, erklären den Sinn hinter Veränderungen und schaffen Räume für Dialog. Sie sorgen so dafür, dass Menschen nicht nur wissen, was passiert, sondern auch warum, und dass sie sich als Teil des Prozesses fühlen.

Die Zukunft der Internen Kommunikation ist also zweigleisig: operativ und strategisch. Sie muss beides können, und das auf hohem Niveau. Kommunikation ist das Bindeglied zwischen Technik und Kultur. In dieser Eigenschaft kann sie auch für die Führungskräfte ein wertvoller Impulsgeber und Sparringspartner sein.

2.5 Zusammenarbeit im KI-Kontext: Führung neu denken

Die Art, wie Organisationen denken und handeln, verändert sich gerade grundlegend. Unternehmensgröße und Mitarbeitendenzahl sind keine direkt miteinander verknüpften Parameter mehr. Warum? Weil die Auslagerung von Routinearbeiten an die KI (Agentisierung) in der Wissenswirtschaft dazu führt, dass Unternehmen kleiner werden, während der Umsatz steigt.

KI verändert Entscheidungslogiken. Routinen verschwinden, Analyse wird ausgelagert, Wertschöpfung verschiebt sich. Und damit verändert sich Führung – nicht durch ein neues Organigramm, sondern durch eine neue Realität: Führung heißt heute, mit Unsicherheiten souverän umzugehen.

Der Harvard Business Review beispielsweise beschreibt für die beratenden Dienstleistungen bereits seit einiger Zeit ein spannendes Bild: Die bekannte Pyramide mit wenigen Senioren und vielen Junioren wird sich perspektivisch zu einem Obelisken entwickeln. Dieses Modell ist zwar zuerst in der Beratung sichtbar, aber es wird früher oder später auch andere Organisationen im Dienstleistungssektor erreichen. Die Konsequenz: Führungsspannen werden kleiner, Personalschlüssel verändern sich. Das öffnet den Raum für individuellere Führung – und für eine neue Definition von Verantwortung.

Jede*r wird zur Führungskraft – auch für KI

Ein realistisches Szenario für die kommenden Monate sieht so aus: Wissensarbeitende haben mehrere Agenten an der Seite. Stellen Sie sich das wie C3PO bei Star Wars vor – ein Assistent, der tut, was Sie ihm sagen. Diese Agenten müssen gesteuert werden. Das bedeutet: In Zukunft wird jede*r Mitarbeitende in gewisser Form eine Führungskraft sein. Nicht zwangsläufig für Menschen, aber auf jeden Fall für KI. Und das erfordert neue Kompetenzen.

Die Führung von Agenten ist nicht identisch mit der Führung von Menschen. Empathische Kommunikation oder das Bewusstsein für die individuelle Lebensrealität des Gegenübers spielen hier eine geringere Rolle. Aber es gibt Überschneidungen: Priorisierung, Entwicklung und Auswahl der richtigen Agenten, klare Briefings.

Und genau hier liegt die Herausforderung: Briefings sind die neue Führungsdisziplin. Der Satz „Du musst die KI briefen wie einen superintelligenten Praktikanten ohne jegliche Erfahrung in der tatsächlichen Arbeit" bringt es auf den Punkt. Plakativer lässt sich nicht beschreiben, wie wichtig Führungskompetenz an jener Stelle in Zukunft ist.

Was heißt das für die Führungsarbeit?
- Führung wird weniger hierarchisch, mehr situativ.
- Kommunikationsfähigkeit bleibt zentral – für die Arbeit mit Menschen und mit Maschinen.
- Die Fähigkeit, komplexe Anforderungen klar zu formulieren, wird zur Schlüsselkompetenz.

Die KI-Transformation macht mehr oder weniger aus jeder Fachkraft eine Führungskraft im Kleinen. Wer das versteht, kann die sich daraus ergebenen Chancen besser nutzen.

2.6 Zukunftsbild: Zusammenarbeit in der Kommunikation

Stellen Sie sich einen Besprechungsraum im Jahr 2035 vor: Am Ende des Tisches sitzt kein Mensch, sondern ein Algorithmus. Er schreibt nicht nur Protokolle, sondern macht Vorschläge – und zwar bessere als die meisten Praktikanten. Und im

Ohr jedes Teilnehmenden der Konferenz sitzt ein Knopf, der Gesprächsideen gibt, weiterdenkt und Antworten bereits formuliert, während wir noch über die Frage nachdenken.

Willkommen in der Zukunft der Kommunikationsarbeit. Einer Welt, in der Rollen neu verteilt werden und die Spielregeln der Zusammenarbeit auf den Kopf gestellt sind.

Warum das wichtig ist

Kommunikation ist das Nervensystem jeder Organisation. In einer Ära, in der Märkte volatil und Stakeholder-Netzwerke komplexer sind als je zuvor, entscheidet auch die Qualität der Kommunikation über die Überlebensfähigkeit von Unternehmen. Dies ist nicht allein eine Aufgabe für Führungskräfte und Pressestellen. Vielmehr wird auch die KI zum aktiven Stakeholder. Nicht nur als Werkzeug, sondern auch als Mitspieler im Veränderungsprozess.

Die neue Grammatik des Miteinanders

Traditionelle Rollenbilder, etwa die Führungskraft als Sender oder Mitarbeitende als Empfänger, sind überholt. Kommunikation wird in der Zukunft noch mehr zu einem dynamischen Ökosystem, in dem drei Kräfte interagieren: Menschen, Organisationen und intelligente Systeme. Teams verschwinden nicht, aber sie verändern ihre DNA. Statt „Wir arbeiten zusammen" heißt es: „Wir orchestrieren Intelligenzen". Menschen bringen Kontext, Empathie und Kreativität. Maschinen liefern Geschwindigkeit, Daten und Präzision. Beides ergänzt sich, oder kollidiert, wenn die Regeln fehlen.

Was heißt das für Mitarbeitende?

Die Rolle des Einzelnen verschiebt sich vom „Ausführer" zum „Navigator". Mitarbeitende müssen nicht mehr alles wissen, sondern eher wissen, wie sie an das Wissen kommen und was sie selbst mitbringen müssen. Absprachen werden nicht verschwinden, aber sie werden anders aussehen: KI schlägt Optionen vor, Menschen entscheiden, was sinnvoll und ethisch vertretbar ist. Das klingt nach Entlastung, birgt aber auch den Druck zu verstehen, wie die Systeme ticken. Kompetenz wird fachlich wie kulturell zur neuen Währung.

Handlungsempfehlungen für heute
1. **KI-Kompetenz aufbauen**: Jede*r muss die Logik von Algorithmen verstehen, um Leitplanken zu setzen.
2. **Hybride Kommunikationsmodelle entwickeln**: Prozesse so gestalten, dass Mensch und Maschine kooperieren.

3. **Governance definieren**: Wer entscheidet, wenn KI und Mensch unterschiedlicher Meinung sind?
4. **Kulturarbeit intensivieren**: Vertrauen ist die Währung der Zukunft. Mitarbeitende müssen erleben, dass KI nicht Kontrolle, sondern Unterstützung bedeutet.
5. **Dialogräume schaffen**: Für menschliches Miteinander und für ihre Arbeit mit Maschinen – Transparenz verhindert Misstrauen.

Erste Schritte können Pilotprojekte sein: KI-gestützte Analyse von internen Kommunikationsströmen, automatisierte Feedback-Systeme oder künstliche Redakteure, die aus einem Artikel eine Vielzahl dazu passender Posts, Teaser und weiterer Formate aufbereiten. Parallel dazu: Diskurse über Ethik und Transparenz.

Das Miteinander verschwindet nicht, es wird anspruchsvoller. Technologie wird, zumindest in den nächsten Jahren, die menschliche Dimension nicht ersetzen. In einer Welt, in der Maschinen alles können, was messbar ist, bleibt das schwer oder gar nicht Messbare – Vertrauen, Kreativität, Humor – das eigentliche Kapital. Die Frage ist nicht, ob wir zusammenarbeiten. Sondern: Mit wem – und wie viele von ihnen aus Silizium sind.

2.7 Governance und Leitplanken für KI in der Kommunikation

KI verändert Prozesse, Entscheidungslogiken und Verantwortlichkeiten – und genau deshalb braucht jede Organisation frühzeitig verbindliche Regeln, die Orientierung geben, Risiken begrenzen und den Einsatz der Technologie in die richtigen Bahnen lenken. Sogenannte „KI-Guidelines" schaffen für beide Seiten eine Absicherung: Die Organisation sichert sich rechtlich ab, um beispielsweise Rechtsverletzungen bei der Nutzung von KI durch die Mitarbeitenden vorzubeugen. Gleichzeitig erhalten die Mitarbeitenden Klarheit für ihre KI-Nutzung und kennen den Rahmen, in dem sie die Anwendungen nutzen dürfen. Folgende Inhalte sollten Ihre KI-Guidelines berücksichtigen:

1. **Begriffsklärung und grundsätzliche Haltung**
   Ihre KI-Guidelines sollten mit einer Einordnung des Themas beginnen und den Kontext setzen. Neben einer für Ihre Organisation gültigen Definition des Begriffs ist hier der Raum, um zentrale Narrative zu KI zu prägen und die Haltung der Organisation zu dem Thema darzustellen.
   Mögliche Aussagen:

- Unter dem Begriff „Künstliche Intelligenz" verstehen wir sämtliche Technologien, die in ihrer Arbeitsweise menschliche Fähigkeiten wie logisches Denken, Lernen, Planen und Kreativität imitieren.
- Wir verstehen Künstliche Intelligenz als Technologie der Zukunft und als Werkzeug, für das wir als Menschen die volle Verantwortung tragen.
- Künstliche Intelligenz birgt zahlreiche Chancen, aber auch Risiken, was eine bewusste Nutzung von uns allen fordert.

2. **Rollen und Verantwortlichkeiten**

Strukturen geben Sicherheit und sollten auch in Ihrer KI-Guideline klar dargelegt werden. Wo beginnt die Verantwortung des Unternehmens für die KI-Lösungen in der Anwendung – und wo wechselt die Verantwortung auf Anwender*innenseite?

Mögliche Aussagen:

- Das Unternehmen trägt die Verantwortung für die Funktionalität und technische Sicherheit der zur Verfügung gestellten KI-Tools.
- Jede nutzende Person von KI-Tools ist für die eingegebenen Daten verantwortlich.
- Für aus Datenschutzverletzungen resultierende Schäden haftet die individuell verantwortliche Person.

3. **Datenschutz**

Datensicherheit ist häufig der Auslöser für die Erstellung einer KI-Guideline und sollte darin rechtskräftig geklärt werden. Wofür darf KI genutzt werden – und wofür nicht? Welche KI darf überhaupt genutzt werden?

Mögliche Aussagen:

- Es dürfen keine sensiblen Daten in die KI-Systeme eingegeben werden (z. B. Kunden, Projekte, Finanzen, Personen).
- Prinzip der Minimierung: Es dürfen immer nur die notwendigen Kontextinformationen für den jeweiligen Anwendungsfall an die KI ausgespeichert werden.
- Externe KI-Systeme dürfen nur nach vorheriger Freigabe für betriebliche Inhalte genutzt werden.

4. **Qualität und Verantwortung**

In der Diskussion über den Mehrwert von KI taucht immer die Fragestellung auf, ob KI-generierte Inhalte die Qualitätsstandards des Unternehmens erfüllen oder, ob ein sogenannter „KI-Workslop" (deutsche Übersetzung: KI-Abfall) erschaffen wird, der die Anforderungen an Ergebnisse nicht erfüllt.

Mögliche Aussagen:

- Menschen tragen die volle Verantwortung für den Output der KI-Systeme.
- KI-Outputs dürfen nie ungeprüft übernommen oder weitergegeben werden.
- Qualitätssicherung erfolgt immer durch den Menschen.

5. **Transparenz und Kennzeichnung**

Vertrauen spielt eine zentrale Rolle, wenn es um die Nutzung KI-generierter Inhalte geht. Welche Inhalte sind „echt"? Wofür wurde KI genutzt und was davon ist mit Vorsicht zu genießen? Die KI-Nutzung stellt neue Anforderungen an unsere Medienkompetenz und Sorgfaltspflicht in der Erstellung von Inhalten. Eine wichtige Säule jeder KI-Guideline ist also die transparente Kennzeichnung von KI-generierten Inhalten.

Mögliche Aussagen:

- Unverändert dargestellte KI-generierte Inhalte müssen gekennzeichnet werden.
- Es muss klar offengelegt werden, wenn KI für die Produktion von medialen Inhalten verwendet wurde.
- Es gibt eine standardisierte Kennzeichnung in Form eines Wasserzeichens für KI-generierte Inhalte innerhalb der Organisation.

6. **Tools und zulässige Anwendungen**

Die verwendete KI-Software bedarf in der Regel einer datenschutztechnischen Prüfung, bevor sie innerhalb der Organisation genutzt werden darf. In diesem Absatz werden zugelassene Tools festgehalten sowie Informationen über den Zulassungsprozess für zusätzliche Anwendungen gegeben.

Mögliche Aussagen:

- Betriebliche KI-Tools dürfen ausschließlich für betriebliche, nicht für private Zwecke genutzt werden.
- Lediglich die Nutzung geprüfter und zugelassener KI-Tools ist zulässig.
- Bei Bedarf kann die Prüfung zusätzlicher KI-Anwendungen über die zuständige Stelle beantragt werden.

7. **Ethik und Fairness**

Die Möglichkeiten von KI sind groß und während die einen Anwendungsfälle harmlos sind, verletzen andere Persönlichkeitsrechte. Im EU AI Act wurde eine Risikoklassifizierung von Systemen vorgenommen. In diesem Absatz sollte auf die geltende Rechtslage Bezug genommen und bestimmte Anwendungsfälle kategorisch ausgeschlossen werden.

Mögliche Aussagen:

- KI-generierte Inhalte dürfen nicht zum Zweck der Manipulation erstellt werden.
- KI-Technologie wird nicht für Social Scoring und/oder diskriminierende Entscheidungslogiken verwendet.
- Die verwendeten KI-Systeme werden regelmäßig einem standardisierten Bias-Check unterzogen, um stereotypische Verzerrungen zu vermeiden. (s. Abschn. 1.4)

Wie KI-Guidelines in der Organisation verankert werden:

- **Frühzeitige Einführung:** Guidelines müssen vor dem ersten größeren Rollout stehen – nicht „irgendwann später", wenn Unsicherheiten bereits entstanden sind.
- **Klare Kommunikation:** KI-Guidelines sollten so vermittelt werden, dass alle sie früh verstehen und anwenden können. Dafür eignen sich verschiedene Formate, wie beispielsweise Townhalls, kurze Erklärvideos, FAQs, Dos & Don'ts oder vorbereitete Präsentationen für die Kommunikation durch Führungskräfte in die Bereiche hinein.
- **Schulungen & Befähigung:** Der Aufbau von Kompetenzen ist zentral, damit alle Mitarbeitenden die KI-Guidelines sicher anwenden können. Dafür eignen sich ein verpflichtendes Grundlagentraining für die gesamte Organisation, vertiefende Module für Bereiche wie HR, Kommunikation oder IT sowie spezielle Sessions für Führungskräfte, in denen sie lernen, wie sie klare Leitplanken im Team setzen können.
- **Prozesse & Tools:** Festgelegte Abläufe und die Verfügbarkeit von arbeitsrelevanten KI-Tools sind notwendig, um einen strukturierten und sicheren Umgang mit KI zu gewährleisten. Dazu können ein Genehmigungsprozess für neue KI-Tools, eine Liste mit den zugelassenen Tools, ein Formular zur Prüfung neuer KI-Use Cases sowie ein transparenter Kanal für das Melden von Zwischenfällen gehören.
- **Regelmäßige Überprüfung:** KI ist ein dynamisches Themenfeld und es ist notwendig, sich laufend an die Entwicklungen anzupassen. Dazu gehören eine regelmäßige Aktualisierung der Guidelines, ein kontinuierliches Monitoring

durch die verantwortlichen Stellen wie KI-Beauftragte, Datenschutz und Legal sowie die systematische Auswertung der KI-Nutzung, um Verbesserungen abzuleiten.

KI-Guidelines sind nicht nur eine bürokratische Absicherung, sondern auch ein psychologischer Sicherheitsrahmen, der Orientierung gibt und damit erst ermöglicht, dass die Menschen in den Organisationen KI mutig und verantwortungsvoll nutzen.

2.8 Key Takeaways

- Führung, Kommunikation und Kultur sind keine „Soft Topics", sondern notwendige Grund-Voraussetzungen für Tempo und Akzeptanz in KI-Transformationsprozessen.
- Kommunikation verbindet Technik und Menschen – sie übersetzt Komplexität in Orientierung und schafft Räume, in denen Unsicherheiten ausgesprochen werden dürfen.
- Kultur entscheidet darüber, ob KI als Bedrohung oder als Weiterentwicklung erlebt wird.
- Ohne psychologische Sicherheit wird jedes KI-Projekt zum Macht- und Kontrollthema.
- Führung muss nicht alles wissen. Sie muss einordnen können, Spannungen aushalten und den Rahmen für Lernen schaffen.
- Governance schafft Vertrauen: Klare Leitplanken, Verantwortlichkeiten und ein gemeinsames Set an Werten verhindern Wildwuchs und sichern Qualität.
- KI-Guidelines wirken als Sicherheitsrahmen für Organisationen und Mitarbeitende.

Skills und Haltung als Fundament für KI-Erfolg

3

Haltung ist der primäre Hebel für Wachstum und die Akzeptanz neuer Technologien. Ein Growth Mindset ist die Voraussetzung dafür, dass KI ihren Weg in unsere Prozesse und unser Miteinander finden kann. KI ist zwar ein grundlegend technisches Thema, wir dürfen es aber nicht nur aus dieser Perspektive betrachten. Veränderungsprozesse im Zusammenhang mit KI benötigen eine Kultur der Offenheit, des Lernens und der Experimentierfreude. Damit diese Kultur entstehen kann, benötigt es psychologische Sicherheit auf Seiten der beteiligten Personen.

3.1 Drei Thesen zum Einstieg

- Ängste und Widerstände gehören zum Wandel. Wichtig ist, sie zu sehen, zu verstehen und als Möglichkeit zu nutzen, um passgenauere Prozesskommunikation zu erarbeiten.
- KI wird den Arbeitsalltag nur dann nachhaltig effizienter machen, wenn wir ihr mit der passenden Haltung begegnen.
- Psychologische Sicherheit und eine gesunde Fehlerkultur sind der Nährboden für Innovation und die Akzeptanz von KI im Arbeitsumfeld.

© Der/die Autor(en), exklusiv lizenziert an Springer Fachmedien Wiesbaden GmbH, ein Teil von Springer Nature 2026
A. Montua, A. Fedder, *KI-Transformation von innen heraus gestalten*, essentials, https://doi.org/10.1007/978-3-658-51629-1_3

3.2   Ein Beispiel aus der Praxis

In unserem Beispielunternehmen Müller & Partner liefen die KI-Projekte inzwischen stabil. Der automatisierte Rechnungslauf brachte spürbare Entlastung und auch der Kundenservice-Chatbot hatte nach einem kommunikativen Fehlstart seinen Platz gefunden. Man begann, KI nicht mehr als Experiment, sondern als festen Bestandteil der eigenen Arbeitsweise zu verstehen.

In dieser Phase startete das dritte Projekt: Die KI sollte Gesprächsnotizen zusammenfassen, Followup-Mails vorbereiten und To-dos strukturieren. Ein klarer Mehrwert, nah am Alltag. Trotzdem tauchten erneut typische Fragen auf:

„Was, wenn die KI Fehler macht – und es so aussieht, als wäre ich schuld?"
„Was, wenn ich ihr nicht vertraue?"
„Was, wenn ich gar nicht weiß, wie ich sie richtig nutze?"

In Teamrunden wurde schnell sichtbar: Die Unsicherheit bezog sich weniger auf die Technologie als auf den eigenen Wert. Mitarbeitende verglichen ihre Notizen mit denen der KI, manche führten parallel weiter ihre eigene Dokumentation, andere nutzten die KI gar nicht – aus Angst, etwas falsch zu machen.

Die Kommunikation griff diese Dynamik bewusst auf und verankerte einfache, aber hilfreiche Formate:

- Failure Friday: Offenes Teilen dessen, was nicht funktioniert hat – ohne Bewertung.
- KI-Lernjournal für Führungskräfte: Wöchentliche Reflexion über typische Muster und Fragen im Team.
- Kurz-Demos im Meeting: Führungskräfte zeigten live, wie sie selbst mit Unsicherheiten umgehen.

Diese kleinen Interventionen reichten bereits aus, um den Druck aus dem Thema zu nehmen. Das Gefühl, mit Fehlern und offenen Fragen nicht allein zu sein, veränderte die Stimmung spürbar – und die Bereitschaft, KI aktiv auszuprobieren, wuchs.

3.3   Future Skills und wie man sie erlangt

Wir alle sind uns einig: Die zentrale Herausforderung im KI-Zeitalter ist nicht der Mangel an Technologie, sondern der Mangel an Orientierung. Künstliche Intelligenz beschleunigt Prozesse, vervielfacht Optionen und erhöht zugleich die Unsicherheit von Entscheidungen. In diesem Umfeld gewinnen sogenannte Future Skills an Bedeutung: Fähigkeiten, die Menschen ermöglichen, unter Bedingungen von Komplexität, Ambiguität und permanentem Wandel wirksam zu handeln.

Zahlreiche internationale Studien kommen übereinstimmend zu einem klaren Befund: Es sind nicht primär technische Kompetenzen, die fehlen, sondern menschliche, kognitive und systemische Fähigkeiten. Diese lassen sich nicht im Vorbeigehen erwerben, sondern entstehen durch bewusste Lernarchitekturen, Erfahrung und reflexive Praxis. Die Prüfungs- und Beratungsgesellschaft Deloitte zeigt in ihrem Report Global Human Capital Trends 2023 (Deloitte, 2023), welche Future Skills hierfür entscheidend werden. Dazu gehören unter anderem:

- **Kritisches & analytisches Denken**
  Fähigkeit, Probleme systematisch zu durchdringen, Muster zu erkennen und fundierte Entscheidungen zu treffen – zunehmend zentral in einer Skill-basierten Organisation.
- **Lernfähigkeit & kontinuierliche Weiterentwicklung**
  Deloitte betont Learning Agility als Kernkompetenz, da traditionelle Rollen und Erfahrungspfade an Bedeutung verlieren und individuelle Lernzyklen strategisch entscheidend werden.
- **Emotionale & soziale Intelligenz**
  Empathie, Einsicht und die Fähigkeit, soziale Dynamiken zu gestalten, werden wichtiger, da Wertschöpfung in vernetzten und hybriden Umgebungen entsteht.
- **Agilität & Anpassungsfähigkeit**
  In Umfeldern mit hoher Unsicherheit gewinnt die Fähigkeit an Bedeutung, schnell zu reagieren und Entscheidungen unter unvollständigen Informationen zu treffen.
- **Vernetzte Zusammenarbeit (Connected Teaming)**
  Future Skills sind Teamfähigkeiten: Kooperation über Funktionsgrenzen hinweg, geteiltes Lernen und kollaborative Problemlösung werden zum Leistungstreiber.
- **Neugier & divergentes Denken**
  Neugier ermöglicht Exploration neuer Möglichkeiten; divergentes Denken schafft alternative Lösungsräume – eine Voraussetzung für Innovation im KI-Zeitalter.

Hier sind einige konkrete Ansätze, die wir zur Entwicklung relevanter und zur Organisation passender Future Skills empfehlen:

- **Eine Feedbackkultur etablieren:** Eine gute Feedbackkultur trennt Person und Leistung sauber, fördert den kontroversen Austausch und macht Lernen sichtbar.

- **Stärken fördern:** Rollen flexibler zuschneiden, Projekte nach Talent statt Titel besetzen und individuelle Stärken bewusst im Team kombinieren.
- **Gezielte Lernreisen anbieten:** Formate, die inspirieren, nicht langweilen. Zum Beispiel kurze Learning Nuggets kombiniert mit Praxisprojekten.
- **Reflexionsräume schaffen:** Retrospektiven, Peer-Coachings oder kurze Check-ins im Alltag. Führungskräfte brauchen Momente, um innezuhalten und Muster zu erkennen.
- **Experimentierfelder einrichten:** Sandboxes für KI, Pilotprojekte, die bewusst Freiraum für Ausprobieren geben. Das senkt die Angst vor Fehlern und fördert Innovationsfähigkeit.
- **Storytelling als Lerninstrument:** Erfolgsstorys und auch „Lessons Learned" teilen – nicht nur die glänzenden Ergebnisse, sondern auch die Stolpersteine. Das macht Lernen authentisch.
- **Crossfunktionale Teams fördern:** Systemdenken entsteht, wenn Menschen aus unterschiedlichen Bereichen zusammenarbeiten und ihre Perspektiven einbringen.
- **Psychologische Sicherheit etablieren:** Nur wer sich sicher fühlt, wagt Neues. Führungskräfte müssen aktiv dafür sorgen, dass Fragen und Zweifel erlaubt sind.

> **Unser Tipp:** Beginnen Sie klein. Future Skills entwickeln sich nicht in einem Workshop, sondern im Alltag. Jede Führungskraft kann heute schon starten mit der Frage: „Was kann ich morgen anders machen, um bei mir selbst und in meinem Team die Lernkultur zu fördern?"

3.4 Ängste und Widerstände als Teil des KI-Prozesses anerkennen

Die Einführung von KI verändert so viel mehr als nur die Entscheidung, welches Werkzeug wir einsetzen. Sie nimmt Einfluss auf Routinen, Rollen, den eigenen Status und das Selbstverständnis von Arbeit. Wer bisher wusste, wie „der Laden läuft", sieht sich plötzlich mit einer Technologie konfrontiert, die Aufgaben übernimmt, die früher Expertise erforderten. Das erzeugt Ängste – vor Jobverlust, Statusverlust, Überforderung. Und es verändert die Kultur: Wenn „Sicherheit" nur noch für High Performer gilt oder für diejenigen, die Aufgaben bewältigen, die KI (noch) nicht kann, entsteht Druck. Ein Klima der Angst ist Gift für jede Transformation.

Widerstand ist daher kein Störfaktor, sondern ein Signal, das uns viel verrät. Unter anderem zeigt sich: Hier sind Bedürfnisse nicht erfüllt – zum Beispiel nach Sicherheit, Fairness, Zugehörigkeit oder Selbstwirksamkeit. Ignorieren wir diese Bedürfnisse, entstehen Widerstände, Gerüchte und Blockaden durch Passivität.

Widerstände lassen sich aus vier Perspektiven betrachten, die in Veränderungsprozessen immer wieder auftreten (s. auch Abb. 3.1):

1. **Nicht-Wissen**

   Es ist unklar, warum es die Veränderung braucht, wie der Soll-Zustand aussieht oder welche persönlichen Veränderungen notwendig sind.

   Wenn dieses Wissen fehlt, entsteht Orientierungslosigkeit – und der Eindruck, der Wandel sei willkürlich oder unverständlich.

2. **Nicht-Können**

   Menschen haben Angst, nicht die nötigen Fertigkeiten zu besitzen, nicht mehr gebraucht zu werden oder in der neuen Situation nicht zurechtzukommen. Viele erleben KI als „zu groß" und „zu schnell". Die Folge: ein Gefühl der Überforderung.

3. **Nicht-Wollen**

   Es fehlt die Motivation, sich zu verändern – weil es zu aufwendig erscheint, weil Unsicherheit entsteht oder weil zu viele Verlusterlebnisse drohen (z. B. Macht, Ansehen). Hier spielt auch eine Rolle, ob Menschen den Sinn und die Dringlichkeit einer Veränderung wirklich verstehen.

Abb. 3.1 Perspektiven des Widerstands. (MontuaPartner Communications, Eigene Abbildung)

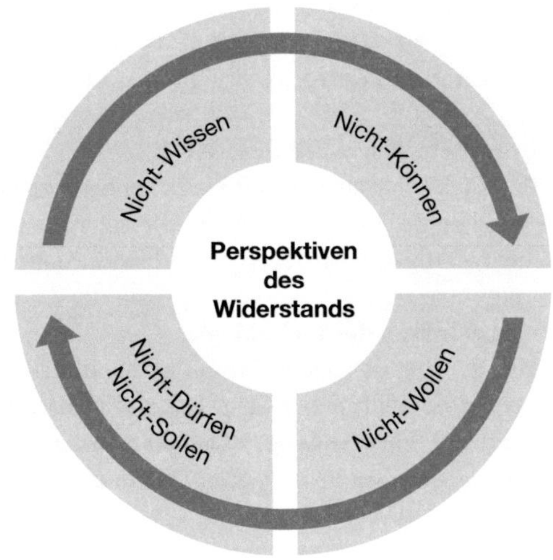

4. **Nicht-Dürfen/Nicht-Sollen**

   Ein oft unterschätzter Widerstand: Menschen erleben Signale aus ihrer Umgebung (Kolleg*innen, Vorgesetzte), dass Veränderung eigentlich nicht gewollt ist.

   Das kann subtil sein – ein skeptischer Kommentar, ein Schulterzucken, ein „lass das mal lieber".

   Wenn das Umfeld bremst, bremst der Einzelne automatisch mit.

Was Organisationen tun können

- Frühzeitig zuhören: Dialogformate, Stimmungsbarometer und offene Q&A-Sessions machen Sorgen und Ängste sichtbar.
- Narrative gestalten: Weg von „KI ersetzt Menschen" hin zu z. B. „KI erweitert unsere Möglichkeiten".
- Transparenz schaffen: Klare Antworten geben auf Fragen nach dem „Warum?", „Was bedeutet das für mich?" und „Wie geht es weiter?".
- Partizipation ermöglichen: Mitarbeitende informieren und aktiv einbeziehen.
- Emotionen ernst nehmen: Ängste sind rational oder irrational, beides braucht unsere Aufmerksamkeit.

3.5 Positive Narrative entwickeln: KI als Chance, nicht als Bedrohung

Menschen orientieren sich an Geschichten. Lauten diese: „KI nimmt uns die Arbeit weg", entsteht Angst. Lauten sie aber: „KI hilft uns, Arbeit schneller zu verrichten und besser zu werden", entsteht Energie. Narrative sind keine „schönen Geschichten" oder bloße Kosmetik – sie prägen Kultur, Verhalten und Entscheidungen.

Förderliche Narrative über KI

Förderliche Narrative über KI nehmen der Technologie den Mythos und geben den Menschen die Kontrolle zurück. Sie schaffen Orientierung in einer Phase, in der Geschwindigkeit, Unsicherheit und Erwartungen gleichzeitig steigen. Sie:

- **… erklären die Technologie.**

  KI ist kein denkendes Wesen und kein Ersatz für menschliches Urteilsvermögen. Sie analysiert Daten, erkennt Muster und kombiniert daraus neue Vorschläge. Entscheidungen bleiben menschlich. Diese Klarheit schützt vor Angst ebenso wie vor überzogenen Erwartungen.

- **… machen Verantwortung unmissverständlich.**
  KI darf unterstützen, vorbereiten und beschleunigen – aber sie trägt keine Verantwortung. Verantwortung liegt bei den Menschen, in klar definierten Rollen. Wer entscheidet, haftet. Wer führt, behält die Kontrolle. Dieses Narrativ schafft Vertrauen und verhindert Ausreden.

- **… zeigen KI als Werkzeug, nicht als Akteur.**
  KI ist ein neues, leistungsfähiges Werkzeug – vergleichbar mit früheren technologischen Sprüngen, nur schneller. Werkzeuge verändern Arbeit, aber sie ersetzen keine Haltung, keine Werte und keine Führung.

- **… erzählen von Zusammenarbeit statt Ersatz.**
  Nicht „KI statt Mensch", sondern „Mensch mit KI". Förderliche Narrative zeigen Co-Kreation: Menschen setzen Ziele, bewerten Ergebnisse und treffen Entscheidungen. KI liefert Tempo, Varianten und Entlastung. Die Stärke entsteht im Zusammenspiel.

- **… verschieben den Fokus von Effizienz auf Kompetenz.**
  KI ersetzt kein Denken, sondern erhöht die Anforderungen daran. Gefragt sind Kontextverständnis, Urteilskraft, Kreativität und die Fähigkeit, gute Fragen zu stellen. Wer diese Kompetenzen entwickelt, gewinnt – unabhängig von Automatisierung.

- **… machen Grenzen und Fehler sichtbar.**
  KI ist nicht objektiv, nicht neutral und in den häufigsten Fällen nicht fehlerfrei. Förderliche Narrative sprechen offen über Grenzen, Verzerrungen und Risiken. Genau darin liegt ihre Stärke: Sie legitimieren menschliches Eingreifen und bewahren Entscheidungshoheit.

- **… übersetzen Technologie in konkreten Nutzen.**
  Nicht abstrakte Versprechen, sondern greifbare Effekte: weniger Routine, mehr Zeit für Kunden, bessere Entscheidungen, höhere Qualität. Narrative wirken dann, wenn Mitarbeitende sie im Arbeitsalltag erleben, nicht nur in Präsentationen sehen können.

- **… normalisieren Veränderung und stärken Gestaltungsmacht.**
  KI ist kein Ausnahmezustand, sondern Teil eines kontinuierlichen Wandels. Förderliche Narrative vermitteln: Wir sind nicht Getriebene der Technologie, sondern Gestaltende ihres Einsatzes – im Einklang mit unseren Werten und Zielen.

- **… lassen Emotionen zu, ohne ihnen das Steuer zu überlassen.**
  Sie nehmen Ängste ernst, machen Hoffnungen greifbar und ordnen beides klar ein – damit Gefühle Orientierung bekommen, statt die Richtung vorzugeben.

KI wirkt nur, wenn Menschen Verantwortung übernehmen und ihre Stärken bewusst einsetzen.

Unternehmen müssen klar machen: KI ist ein Werkzeug, kein Entscheider. Verantwortung für Ethik, Qualität und Entscheidungen bleibt beim Menschen. Gleichzeitig eröffnet KI durch enorme Geschwindigkeit neue Freiräume – Zeit für Kreativität, Kundennähe und strategisches Denken, statt reine Routine. Doch der eigentliche Fortschritt entsteht erst, wenn Organisationen über Effizienz hinausgehen und KI nutzen, um ihre einzigartigen Stärken zu schärfen: Innovationskraft, Kundenorientierung oder kulturelle Identität. So wird KI zum Verstärker menschlicher Kompetenz und zu einem Hebel für Exzellenz.

So entwickeln Sie Ihr eigenes Narrativ

Ein wirksames Narrativ beginnt immer bei einer kleinen, echten Beobachtung: einem Moment, in dem KI etwas erleichtert, beschleunigt oder neue Perspektiven öffnet. Diese konkreten Geschichten sind der Nährboden für Sinn, Orientierung und Veränderungsbereitschaft. Erst wenn dieser Ausgangspunkt in einen größeren Kontext eingebettet wird – Werte, Kultur, Anspruch – entsteht daraus eine Erzählung, die nicht nur Fakten vermittelt, sondern Menschen wirklich bewegt, weil sie Kopf und Herz gleichzeitig anspricht und damit den Rahmen setzt, in dem KI als Chance statt als Bedrohung verstanden werden kann.

So gehen Sie vor:

1. **Ausgangspunkt: Eine konkrete Erzählung bzw. Geschichte**
   - Den Wendepunkt bestimmen: Was soll später der Moment sein, an dem „alles kippt und sich verändert"? („Wir stehen am Rand eines Umbruchs …")
   - Protagonisten benennen: Wer handelt? Teams, Führung, Kund*innen, Partner.
   - Die Ausgangslage zuspitzen: Klar formulieren, worin die Herausforderung besteht.
   - Beispiel: „Wir sind an einem Punkt, an dem unsere bisherigen Routinen nicht mehr tragen – und eine neue Art der Zusammenarbeit entsteht."
2. **Einbettung in gesellschaftliche, politische oder historische Kontexte**
   - Kontexte auswählen: Welche Trends, Spannungen, Herausforderungen wirken im Umfeld?
   - Relevanz herstellen: Warum ist dieser Moment jetzt entscheidend?
   - Das ‚Warum jetzt?' klären: Welche Kräfte treiben das Unternehmen in Bewegung?
   - Beispiel: „Die Welt wird schneller, digitaler, vernetzter – und unser Anspruch ist, nicht hinterherzulaufen, sondern vorauszugehen."

3. **Zuschreibungen & Bedeutungsaufladung**
   - Werte definieren: Welche Haltung steht im Zentrum? Verantwortung? Mut? Fokus?
   - Emotionen setzen: Was soll die Story auslösen? Zuversicht, Aufbruch, Entschlossenheit.
   - Handlungslogik formulieren: Wie lösen wir Probleme? Wie definieren wir Erfolg?
   - Beispiel: „Wir entscheiden uns bewusst für Mut statt Abwarten und für gemeinsames Handeln statt Silos."
4. **Transformation zum sinnstiftenden Narrativ**
   - Den roten Faden formulieren: Wie verläuft unsere zukünftige Reise als Organisation?
   - Die Leitidee verdichten: Ein prägnanter Satz, der alles trägt.
   - Orientierung geben: Welche Rolle hat jede Person in dieser Erzählung?

Inhalte des Narrativs können an vielen Stellen aktiv gestaltet und verankert werden:

- **Klare Botschaften entwickeln:** Weg von „KI ersetzt uns alle" hin zu „KI erweitert unsere Möglichkeiten". Diese Botschaften müssen in allen Kanälen konsistent sein.
- **Storytelling nutzen:** Praxisbeispiele, Erfolgsgeschichten und persönliche Erfahrungen von Mitarbeitenden machen Chancen greifbar.
- **Dialogformate schaffen:** Townhalls, Q&A-Sessions und interne Communitys geben Raum für Fragen und Sorgen – und für positive Geschichten.
- **Führungskräfte befähigen:** Sie sind wichtige Multiplikatoren der Narrative. Trainings und Argumentationshilfen unterstützen dabei, Sicherheit auszustrahlen.
- **Werte verknüpfen:** KI muss in den Kontext der Unternehmenswerte eingebettet werden. So wird klar: Technologie dient dem, was uns wichtig ist. Das kann genauso maximale Kundenorientierung wie Geschwindigkeit sein. Es gibt kein richtig oder falsch – nur die Frage, wie authentisch die KI-Narrative zum Unternehmen passen.
- **Zukunftsbilder entwerfen:** Zeigen, wohin die Reise geht – nicht als Science-Fiction, sondern als realistische Visionen, die Orientierung geben.

3.6   Psychologische Sicherheit und Fehlerkultur fördern

Was wir im Alltag als Bedürfnis nach Schutz empfinden, übersetzt sich im Arbeitskontext in das Konzept der psychologischen Sicherheit. Die Harvard-Forscherin Amy Edmondson hat gezeigt, dass Teams nur dann mutig denken und offen sprechen, wenn das Umfeld zwischenmenschliche Risiken zulässt und Beiträge nicht sanktioniert, sondern wertschätzt (Edmondson, 1999).

Psychologische Sicherheit ist besonders jetzt alternativlos. Sie ist Voraussetzung für Leistung, Lernen und Innovation, kurz: für geschäftlichen Erfolg. Gerade im Kontext von KI entscheidet sie darüber, ob Menschen Neues ausprobieren oder ob sie sich zurückziehen, absichern und auf Zeit spielen.

Veränderung geschieht dann, wenn zwei Dinge gleichzeitig spürbar sind: ein klarer Handlungsdruck und eine attraktive Perspektive. Beim Thema KI ist der Druck längst da. Kaum jemand zweifelt noch daran, dass sich Arbeitsweisen, Rollen und Anforderungen fundamental verändern werden. Was häufig fehlt, ist die konkrete Vorstellung, wo es hingehen kann. Dadurch entsteht das Gefühl, dass die gegenwärtige Praxis belastbarer ist als die Arbeitsweise der Zukunft. Es ist nicht sicher, dass das Unternehmen diese (auch individuelle) Veränderung mitgeht. Die innere Sicherheit, dass der Weg sich auszahlt, fehlt.

Die Change-Formel (Abb. 3.2) macht hier den Kern sichtbar: Erst wenn spürbarer Leidensdruck auf eine glaubwürdige, attraktive Vision trifft und durch konkrete nächste Schritte abgesichert wird, entsteht genug innere Sicherheit, damit Menschen den Sprung ins Ungewisse wagen, statt sich an der vertrauten Gegenwart festzuklammern wie an einem schwankenden Geländer.

Psychologische Sicherheit bedeutet in diesem Kontext: Ich kann Fragen stellen, Zweifel äußern und Fehler machen, ohne negative Konsequenzen befürchten zu müssen. In Organisationen mit hoher psychologischer Sicherheit trauen sich Menschen, neue Tools zu testen, unfertige Gedanken zu teilen und bestehende Routinen infrage zu stellen. Diese Sicherheit ist essenziell für das Gelingen einer KI-Transformation.

Abb. 3.2 Die Change-Formel. (Nach Beckhard & Harris (1987), Eigene Darstellung)

Eng mit der psychologischen Sicherheit verbunden ist die Fehlerkultur. Fehler gehören zur Arbeit dazu. Neue Technologien ohne Irrtümer, Fehlannahmen oder Sackgassen verwenden und in einer Organisation einführen zu können, ist ein Irrglaube. Innovation entsteht nicht im Perfektionsmodus, sondern im kontrollierten Experimentiermodus.

Eine gesunde Fehlerkultur zeigt sich in der täglichen Arbeit:

- Wird nach einem Fehlschlag nach Schuldigen gesucht oder nach Erkenntnissen?
- Werden Fehler verheimlicht oder geteilt?
- Gibt es Rituale, um gemeinsam zu reflektieren oder wird nach einem Fehler direkt zum nächsten Thema übergegangen?

Organisationen, die KI erfolgreich einführen wollen, müssen bewusst Räume schaffen, in denen Ausprobieren erlaubt und erwünscht ist. Das können kleine Pilotprojekte sein, Sandkasten-Umgebungen oder auch feste Reflexionsformate, in denen offen über das gesprochen wird, was geklappt und was nicht funktioniert hat. Entscheidend ist: Fehler dürfen nicht sanktioniert werden, sondern brauchen Einordnung und klare Ableitungen.

Eine besondere Rolle kommt dabei den Führungskräften zu. Als Vorbilder zeigen sie, ob psychologische Sicherheit tatsächlich gelebt wird. Wer selbst Unsicherheit zeigt, Lernerfahrungen teilt und offen über eigene Fehlannahmen spricht, sendet ein starkes Signal. In diesem Fall schafft nicht die Perfektion das Vertrauen, sondern die Authentizität.

> **Unsere Empfehlungen**
> - Experimentierfelder schaffen: Kleine, risikoarme Projekte, in denen Neues getestet wird.
> - Fehler auf positive Weise sichtbar machen: Failure Awards oder Storytelling-Formate, die Lernerfolge feiern.
> - Führungskräfte befähigen: Training in psychologischer Sicherheit und konstruktivem Feedback.
> - Kommunikation als Verstärker: Positive Narrative über Lernen und Innovation in allen Kanälen.
> - Verknüpfung mit Vision: Zeigen, wie Experimente zur großen KI-Vision beitragen – das gibt Sinn und Orientierung.

3.7   Zukunftsfähige Führung und Selbstführung

KI verändert auch das Thema Führung radikaler als es viele aktuelle Debatten vermuten lassen. Denn sie konfrontiert Führungskräfte mit einer Situation, die neu ist: Entscheidungen müssen getroffen werden, obwohl die technische Tiefe der Systeme nicht vollständig zu durchdringen ist. Zudem gilt es, künftig und in Teilen auch heute schon nicht nur Menschen zu führen, sondern Menschen und Agenten. Das alles zusammen erzeugt Druck – und verlangt nach einer neuen Form von Führung.

Die althergebrachte Logik von Führung – Wissen sammeln, delegieren, kontrollieren, Entscheidungen absichern – stößt an ihre Grenzen. Zukunftsfähige Führung bedeutet nicht, alles selbst zu können. Sie bedeutet, das Wesentliche einordnen zu können. Orientierung entsteht heute weniger durch Detailwissen, sondern durch die Fähigkeit, Komplexität zu strukturieren und Sinn zu vermitteln.

Drei Fähigkeiten rücken dabei in den Mittelpunkt:

- Sensemaking – also die Fähigkeit, Informationen zu bewerten, Muster zu erkennen und Zusammenhänge herzustellen. KI liefert uns auf Nachfrage in Sekundenschnelle mit voller Überzeugung Optionen, Analysen und Empfehlungen. Damit Entscheidungen weiterhin Sinn (er)geben, braucht es diese Einordnungsleistung als zentrale Führungsaufgabe.
- Empowerment und Loslassen – Führung verschiebt sich von Kontrolle hin zur Befähigung. Teams müssen lernen, selbstständig mit KI zu arbeiten, Entscheidungen vorzubereiten oder zu treffen und Verantwortung zu übernehmen. Führungskräfte schaffen dafür die Rahmenbedingungen – und greifen nicht bei jeder Unsicherheit steuernd ein. Ein Lernprozess auf beiden Seiten.
- Ethik und Werteorientierung – KI ist nicht „neutral". Sie basiert auf vorgefilterten Daten, in denen Werte und Überzeugungen unterschiedlich gewichtet sind. Führung bedeutet deshalb auch, klare Leitplanken für den Umgang mit KI-Systemen und KI-generierten Inhalten zu setzen: Was ist akzeptabel? Was passt zu unseren Werten? Wo ziehen wir Grenzen? (s. Abschn. 2.7)

Über all dem steht außerdem eine Kompetenz, die häufig unterschätzt wird: Selbstführung. Die Geschwindigkeit der KI-Entwicklung fordert Führungskräfte permanent heraus – emotional, kognitiv und kapazitär. Wer sich selbst nicht reflektiert steuert, läuft Gefahr, in alte Muster zu verfallen: blindes Vertrauen in Technologie, vollständige Vermeidung oder operative Übersteuerung.

Selbstführung heißt, regelmäßig innezuhalten und das eigene Handeln zu hinterfragen: Welche Entscheidungen treffe ich gerade – und warum? Wo nutze ich

KI sinnvoll? Ist meine Art und Weise, KI zu nutzen, unkritisch? Was irritiert mich? Solche Reflexion ist kein Luxus, sondern die Voraussetzung, um handlungsfähig zu sein und zu bleiben.

> ▶ **Praxis-Tipp:** Führen Sie ein wöchentliches „KI-Logbuch", in welchem Sie die oben aufgeführten Themen (und weitere, die für Sie den größten Mehrwert darstellen) für sich bearbeiten. Dieses Reflexionsformat schafft Bewusstsein und stärkt die Fähigkeit, Muster bei sich und im Team zu erkennen. Typische Muster können sein:
>
> - Blindes Vertrauen: KI-Ergebnisse werden ungeprüft übernommen, besonders unter Zeitdruck.
> - Übernutzung für Kleinkram: KI wird für jede operative Aufgabe genutzt, auch da wo sie keinen Mehrwert liefert.
> - Vermeidung bei komplexen Themen: KI wird nicht für Aufgaben genutzt, die ein hohes Maß an Kontextwissen erfordern, oft weil die Kompetenz fehlt.
> - Delegationsfalle: „Das macht die KI" – Verantwortung wird abgegeben statt übernommen und die KI zur mit den Menschen konkurrierenden Instanz.
> - Perfektionsblockade: Angst vor Fehlern und unvollständigen Zwischenergebnissen verhindert Experimente mit KI.
>
> Diese Reflexion kann darauf hinweisen, wo Führung noch im alten Denken verhaftet ist – und wo dringend ein neues Mindset gebraucht wird. Vielleicht erwischen Sie sich selbst und können dann im nächsten Schritt Mindest und Verhalten ändern.

Methoden für zukunftsfähige Führung

- Decision Journals: Dokumentieren Sie Entscheidungen und deren Gründe – das schafft Transparenz und Lernfähigkeit.
- Ethik-Check: Entwickeln Sie Leitfragen für KI-Entscheidungen: „Ist das fair? Ist das nachvollziehbar? Passt das zu unseren Werten?"
- Interdisziplinäre Teams: Niemand muss alles können. Bauen Sie Teams, in denen technisches Wissen, operative Exzellenz und strategisches Denken zusammenkommen.
- Feedback-Schleifen: Kurze Retrospektiven nach der KI-Nutzung: Was lief gut? Wo war die Unsicherheit am größten? Wie können wir sie reduzieren? Dadurch entsteht ein bewusster Lernprozess.

3.8   Methoden für Growth Mindset und Lernkultur

Eine Kultur, die ein Growth Mindset (Abb. 3.3) fördert, braucht gute Impulse, erlebte Praxis und gemeinsame Phasen des Reflektierens. Carol Dweck hat bereits 2006 gezeigt, wie stark eine lernorientierte Haltung davon abhängt, ob Lernen sichtbar gewünscht und unterstützt wird.

An diesem Punkt entscheidet sich, ob KI-Transformationen Energie freisetzen oder die Mitarbeitenden ermüden.

Statt auf einmalige Schulungen zu setzen, braucht es Lernformate, die sich in den Arbeitsalltag integrieren lassen. Lernreisen, kurze Impulse, praktische Experimente und gemeinsame Reflexionen haben sich hier als deutlich wirksamer erwiesen als klassische Trainingsformate. Lernen wird so zum Prozess – nicht zum Event.

Besonders wirksam sind Formate, die Lernen und Erfahrung miteinander verbinden. Wenn Mitarbeitende KI-Tools selbst ausprobieren, ihre Beobachtungen teilen und voneinander lernen, entsteht kollektive Kompetenz. Storytelling spielt dabei eine zentrale Rolle: Geschichten über erste Erfolge, über Umwege und über überraschende Erkenntnisse machen Inhalte greifbar und emotional anschlussfähig.

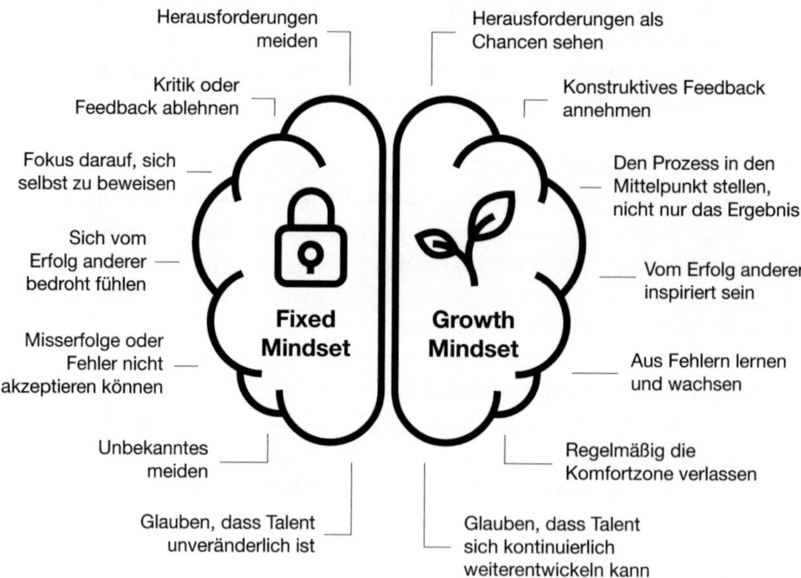

Abb. 3.3 Fixed vs. Growth Mindset. (Adaptiert nach Carol Dweck (2006), Eigene Darstellung)

Führungskräfte nehmen in diesem Kontext eine doppelte Rolle ein: Sie sind Lernende und Erzählende. Ihre eigenen Erfahrungen mit Unsicherheit, neuen Tools oder mutigen Entscheidungen wirken dann besonders stark, wenn sie geteilt werden.

Deshalb empfehlen wir, Storytelling-Formate speziell für Führungskräfte zu etablieren. Ob als kurze Video-Statements („Was ich mit KI gelernt habe"), als Impuls in Townhalls oder Team-Meetings, als regelmäßige Rubrik im Intranet: Wenn Führungskräfte ihre Lerngeschichten erzählen, entsteht Nähe, Orientierung und psychologische Sicherheit. Es geht dabei nicht um Heldengeschichten, sondern um das echte Ringen mit Veränderung. Diese Geschichten sind glaubwürdig und deshalb besonders wirksam.

Auch der Austausch untereinander gewinnt an Bedeutung. Peer-Formate, Communities of Practice oder moderierte Reflexionsrunden schaffen Räume, in denen Fragen gestellt werden dürfen, ohne bewertet zu werden. Gerade in heterogenen Organisationen entstehen hier Brücken zwischen Erfahrungswissen, Neugier und frischen Perspektiven.

Wichtig ist: Lernkultur ist nicht die alleinige Aufgabe von HR. Sie ist Führungsaufgabe. Führungskräfte entscheiden durch Prioritäten, Zeitbudgets und ihre Kommunikation, ob Lernen im Alltag Platz hat – oder ob es immer wieder hinten herunterfällt.

3.9 Key Takeaways

- Haltung ist einer der entscheidenden Hebel bei jeder KI-Transformation. Sie bestimmt, ob Menschen neugierig nach vorne gehen oder innerlich abbremsen.
- Psychologische Sicherheit ist die Voraussetzung für Experimentierfreude, Mut und Innovation im Umgang mit KI.
- Widerstände sind wertvolle Signale. Sie zeigen, wo Orientierung, Wissen oder Sicherheit fehlen und wo Kommunikation nachschärfen muss.
- Zukunftsfähige Führung schafft Mehrwert nicht durch Kontrolle, sondern durch Einordnung, Reflexion und die Fähigkeit, Verantwortung bewusst zu halten.
- Lernkultur entsteht im Alltag, durch kleine Experimente, ehrliche Reflexion und Geschichten, die Mut machen und die gemeinsame Lernreise sichtbar machen.

Das Zusammenspiel der Stakeholder 4

Die KI-Transformation ist kein Sprint, den eine Abteilung im Alleingang laufen kann. Sie ist ein Marathon mit Staffellauf – über Abteilungsgrenzen hinweg, mit klaren Übergaben, Rollen und gemeinsamer Zielsetzung. HR, Kommunikation, IT, Marketing, Produktion – sie alle spielen wichtige Rollen. Und genau deshalb braucht es ein klares Zusammenspiel: definierte Zuständigkeiten, tragfähige Kooperationsmodelle und ein gemeinsames Verständnis für das, was gerade passiert und wohin es kurz-, mittel- und langfristig führen soll.

4.1 Drei Thesen zum Einstieg

- Transformation ist Teamsport. Ohne das koordinierte Zusammenspiel von HR, Kommunikation, IT, Fachbereichen und Führung bleibt jede KI-Transformation ein Flickenteppich. Geschwindigkeit entsteht durch Klarheit – und durch gute Übergaben zwischen den Disziplinen.
- Rollenklärung ist kein Formalismus, sondern die Grundlage für Verantwortungsübernahme.

  Unklare Zuständigkeiten führen zu Reibungsverlusten, Frust und Stillstand. Wer weiß, wofür er oder sie verantwortlich ist, kann handeln, entscheiden und Tempo geben.
- Sichtbare Erfolge multiplizieren sich. Quick Wins und echte Geschichten wirken stärker als jede Strategiepräsentation. Sie schaffen Energie, die man nicht anweisen kann – nur wecken.

© Der/die Autor(en), exklusiv lizenziert an Springer Fachmedien
Wiesbaden GmbH, ein Teil von Springer Nature 2026
A. Montua, A. Fedder, *KI-Transformation von innen heraus gestalten*,
essentials, https://doi.org/10.1007/978-3-658-51629-1_4

4.2　　Ein Blick in die Praxis

Bei Müller & Partner hatte sich nach den ersten KI-Projekten etwas Entscheidendes verändert. KI wurde aktiv genutzt, Sorgen und auch Fehler durften offen angesprochen werden, Experimente waren erlaubt und die Menschen erlebten KI zunehmend als Unterstützung statt nur als Bedrohung. All die Maßnahmen zur Steigerung der psychologischen Sicherheit hatten einen Effekt, der im Unternehmen lange gefehlt hatte: Mitarbeitende fühlten sich wieder selbstwirksam.

Im nun folgenden Prozess sollte es um ein Prozess- und Abstimmungsthema gehen. Interne Anfragen sollten künftig über ein zentrales Intake-Dokument aufgenommen, priorisiert und als standardisierte Tickets an die zuständigen Teams verteilt werden. Der Nutzen war offensichtlich, das interne Narrativ klar formuliert: „KI nimmt uns Routinetätigkeiten ab, damit wir uns auf unsere Kunden konzentrieren können." Doch schon in der ersten Woche zeigte sich ein klassisches Muster: Das Projekt war weiter als die Organisation. Während einige Teams sofort loslegten, warteten andere auf Freigaben, Zuständigkeiten oder schlicht auf ein Zeichen, dass sie wirklich starten sollten.

Nun tauchten allerdings neue Fragen auf:

- IT: „Wer priorisiert Anforderungen, wenn mehrere Teams parallel wollen?"
- Vertrieb: „Dürfen wir die KI schon nutzen – oder riskieren wir Ärger?"
- HR: „Wer sorgt für Befähigung und Schulungen?"
- Kommunikation: „Welche Botschaft tragen wir in die Organisation – und ab wann?"
- Management: „Warum braucht das überhaupt Zeit? Der Mehrwert liegt doch auf der Hand."

Die Fragen hatten einen gemeinsamen Kern: Niemand wusste mehr, wer wofür zuständig war. Ein Rollen-Vakuum hatte sich geöffnet und begann, die frisch entstandene psychologische Sicherheit aufzusaugen. Die Folge: Sitzungen wurden defensiver, Verantwortung wurde abgegeben und die neu gewonnene Dynamik ausgebremst.

Erst eine klare kommunikative Neuverortung brachte die Wende: „Wir lernen gemeinsam – und jede Rolle hat einen definierten Beitrag." Diese Botschaft, kombiniert mit einem einfachen Rollen-Canvas, stellte die Handlungsfähigkeit wieder her. Plötzlich wussten IT, HR, Kommunikation und Vertrieb nicht nur, was sie tun sollten – sondern auch, wo sie bewusst nicht eingreifen mussten.

Das Entscheidende war die psychologische Wirkung:

Klarheit erzeugt Sicherheit. Sicherheit erzeugt Mut. Mut erzeugt Selbstwirksamkeit.

Ab diesem Moment war das Muster wieder erkennbar: Die Teams trafen Entscheidungen, gaben Feedback, und die KI-Skalierung gewann wieder an Tempo.

Niemand wartete mehr auf ein Signal – jede Person wusste, welchen Teil der Lösung sie einnehmen sollte.

4.3   Rollen verstehen und klar definieren

Tempo kann dann entstehen, wenn Klarheit herrscht und Energie in Projekte kommt. Einer der häufigsten Stolpersteine und Bremsklötze in der KI-Transformation ist ein organisatorischer: unklare Rollen. Die einen warten ab, die anderen experimentieren, wieder andere reden eher, als dass sie handeln – und irgendwie steuert niemand das Gesamtbild.

KI-Transformation braucht keine neuen Hierarchien, aber eine klare Rollenarchitektur. Wer diese nicht explizit macht, bekommt Stellvertreterdebatten, Kompetenzgerangel und lähmende Abstimmungsschleifen.

Ein Rollen-Canvas schafft hier Ordnung. Es trennt nicht nach Abteilungen, sondern nach Wirkdimensionen – und beantwortet eine einfache Frage: Wer trägt wofür die Verantwortung, damit KI wirksam wird?

Typische Rollen in einer KI-Transformation
- Geschäftsführung/Top-Management: Gibt Zielbild, Leitplanken und Prioritäten vor. Entscheidet über Einsatzfelder, Investitionen und No-Gos. Hält die Verantwortung für ethische Standards und strategische Wirkung.
- IT/Data/Digitalisierung: Verantwortet Infrastruktur, Tools, Sicherheit, Datenqualität und technische Machbarkeit. Sorgt dafür, dass KI stabil, skalierbar und regelkonform eingesetzt werden kann – nicht dafür, dass sie „gut klingt".
- HR: Verantwortet Kultur, Lernen und Befähigung. Klärt Kompetenzmodelle, Qualifizierungsbedarfe und neue Rollenbilder. Übersetzt Technologie in Fähigkeiten – und verhindert, dass KI als reine Effizienzmaschine wahrgenommen wird.
- Kommunikation: Verantwortet Narrative, sorgt für Orientierung und Dialog. Macht den Wandel erklärbar, emotional anschlussfähig und konsistent. Übersetzt Strategie in Geschichten – und hört zu, wo Reibung entsteht.
- Fachbereiche: Verantworten Use Cases und Wirkung im Alltag. Sie wissen, wo KI hilft, wo sie stört und wo sie schlicht keinen Mehrwert bringt. Ohne sie bleibt jede KI-Initiative Theorie.

Der entscheidende Punkt: Keine Rolle ersetzt eine andere. Erst das Zusammenspiel erzeugt Geschwindigkeit. Das Rollen-Canvas wirkt damit nicht nur operativ, sondern auch als Governance-Instrument: Es reduziert Interpretationsspielräume, vermeidet unklare Zuständigkeiten und macht Verantwortungsübernahme möglich.

Das Rollen-Canvas klärt das **Innenleben des KI-Projekts**. Mit dem Stakeholder-Mapping kann das **Beziehungsgeflecht** geklärt werden.

4.4 Stakeholder-Mapping und Personas in KI-Transformationen

Wer KI-Transformation steuern will, muss das Kräftefeld verstehen, in dem sie stattfindet.

Nicht alle sind gleich betroffen, nicht alle haben denselben Einfluss, und nicht alle reagieren mit derselben Haltung. Genau hier scheitern viele Initiativen: Sie kommunizieren flächig („mit der Gießkanne"), obwohl die Wirklichkeit hochgradig differenziert ist.

Ein systematischer Blick auf Betroffenheit und Einfluss mittels Stakeholder-Mapping (s. Abb. 4.1) schafft Orientierung. Es zeigt, wer Entscheidungen prägt, wer vom Wandel unmittelbar berührt ist, wo Unterstützung entsteht und wo Wider-

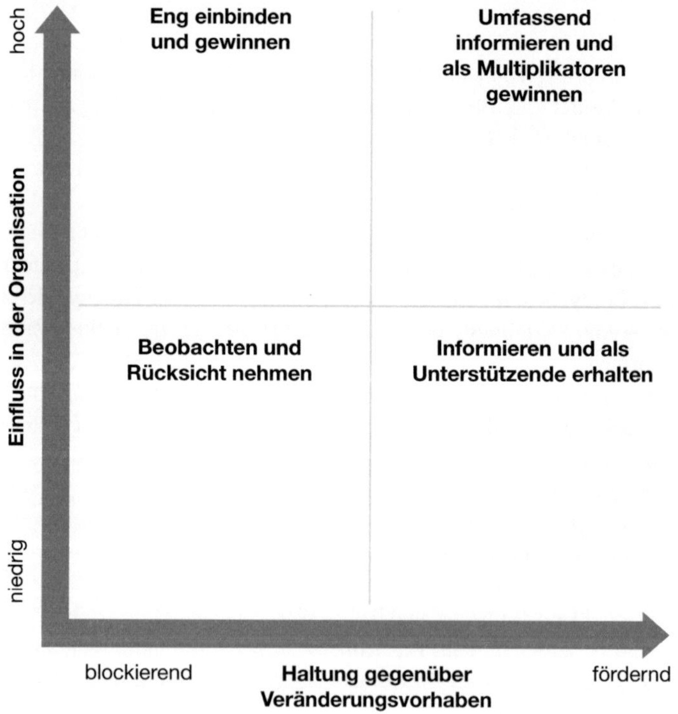

Abb. 4.1 Stakeholder-Mapping. (In Anlehnung an Freeman (1984), eigene Darstellung)

stand wahrscheinlich wird. Diese Perspektive macht sichtbar, wo Führung, Dialog oder gezielte Einbindung notwendig sind und wo reine Information ausreicht.

In KI-Transformationen ist diese Einordnung besonders kritisch. Die Technologie berührt Machtfragen, Kompetenzbilder und Zukunftsängste.

Noch wirksamer wird dieser Ansatz, wenn er durch Personas (Abb. 4.2) ergänzt wird. Statt abstrakter Zielgruppen entstehen konkrete Menschen mit Namen, Rollen und Eigenschaften. Personas übersetzen eine strukturelle Analyse in kommunikative Handlungsfähigkeit. Sie helfen, Entscheidungen darüber zu treffen, wer wann wie angesprochen wird – und mit welcher Haltung. Relevant für die Ausgestaltung können Hintergründe und Probleme, Ziele, Charaktereigenschaften und Erwartungen und auch ihr individueller Kommunikationsstil und ihre Bedürfnisse sein.

Die folgenden Beispiele zeigen exemplarisch, wie unterschiedlich die Perspektiven auf denselben Wandel sein können – und warum erfolgreiche KI-Transformation immer beides braucht: strukturelle Klarheit und empathische Präzision.

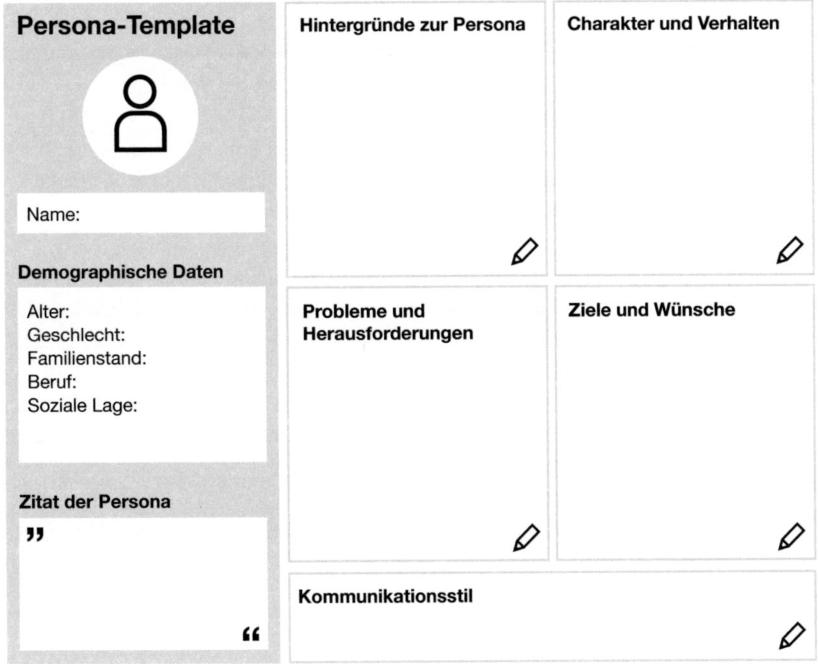

Abb. 4.2 Personas in der Kommunikation. (In Anlehnung an Cooper, eigene Darstellung)

Persona 1: Daniel Kramer – der pragmatische Werksleiter

- *Alter, Geschlecht, Familienstand, soziale Lage*
  Daniel Kramer ist 47 Jahre alt, verheiratet, zwei Kinder im Teenageralter. Er lebt bodenständig, sicher verankert in der gehobenen Mittelschicht. Status ist für ihn kein Thema – Stabilität schon.

- *Beruf*
  Standortleiter eines Produktionswerks mit rund 800 Mitarbeitenden in der Automobilzulieferung. Verantwortung für Output, Effizienz, Kosten und einen reibungslosen Schichtbetrieb.

- *Hintergründe zur Persona*
  Daniel kommt aus der Praxis. Er hat sich aus der Produktion hochgearbeitet und vertraut auf Erfahrung, Zahlen und funktionierende Abläufe. Veränderung bewertet er nicht ideologisch, sondern nach ihrem Nutzen im Alltag.

- *Probleme und Herausforderungen*
  Er spürt massiven Transformationsdruck: Effizienz steigern, Kosten senken, Digitalisierung vorantreiben. KI findet er grundsätzlich interessant, solange sie konkret hilft. Seine größte Hürde ist nicht die Technologie, sondern die Akzeptanz im Werk – vor allem im Schichtbetrieb. Skepsis, Überlastung und das Gefühl „Das ist was für die da oben" bremsen Fortschritt.

- *Charakter und Verhalten*
  Pragmatisch, direkt, lösungsorientiert. Daniel ist kein Visionär, sondern ein Umsetzer. Er probiert Neues aus, wenn es überschaubar ist, und blockt ab, sobald Buzzwords den Platz von Klarheit einnehmen.

- *Ziele und Wünsche*
  Prozesse verbessern, ohne die Belegschaft zu verlieren. Schnelle, greifbare Erfolge statt Hochglanzprogramme. Veränderung soll verstanden, akzeptiert und mitgetragen werden.

- *Kommunikationsstil*
  Klare Sprache, konkrete Beispiele, Praxisnähe. Daniel will Werkzeuge, keine Konzepte. Theorien ohne direkten Anwendungsbezug erzeugen eher Widerstand als Motivation.

- *Zitat*
  „Ich brauche kein Visionboard – ich brauche etwas, das hier im Werk funktioniert." ◄

Persona 2: Selin Yilmaz – die strategische HR-Business-Partnerin

- *Alter, Geschlecht, Familienstand, soziale Lage*
  Selin Yilmaz ist 39 Jahre alt, lebt in einer Partnerschaft ohne Kinder und ist in einer urbanen, akademisch geprägten Mittelschicht verortet.
- *Beruf*
  HR-Business-Partnerin in einem internationalen Tech-Unternehmen mit rund 5.000 Mitarbeitenden.
- *Hintergründe zur Persona*
  Selin versteht HR als Gestaltungsfunktion. Ihr Hintergrund ist strategisch: Organisationsentwicklung, Kultur, Governance. Technologie betrachtet sie als Hebel für Veränderung – nicht als Selbstzweck.
- *Probleme und Herausforderungen*
  Sie bewegt sich im Spannungsfeld zwischen Transformationstempo und organisationaler Ordnung. KI verschiebt Rollen und Verantwortlichkeiten, während die Abgrenzung zwischen HR, IT und Kommunikation oft unscharf bleibt. Selin will verhindern, dass HR zur reinen Umsetzungsinstanz degradiert wird.
- *Charakter und Verhalten*
  Analytisch, reflektiert, anspruchsvoll. Selin denkt mehrere Schritte voraus, stellt kritische Fragen und meidet Aktionismus. Sie fordert Klarheit, bevor sie Geschwindigkeit zulässt.
- *Ziele und Wünsche*
  HR als aktiven Mitgestalter der KI-Transformation positionieren. Klare Rollen, saubere Entscheidungslogiken und Formate, die Wirkung entfalten. Sie sucht Argumente, Cases und Templates, mit denen sie intern überzeugen kann.
- *Kommunikationsstil*
  Smart, strukturiert, strategisch. Selin schätzt präzise Sprache, echte Beispiele und Thought Leadership mit Substanz. Kein Hype, keine Belehrung – sondern Orientierung.
- *Zitat*
  „Ich juble nicht über KI – aber ich will wissen, wie wir es gut machen." ◄

Diese beiden Personas zeigen exemplarisch: Gleicher Wandel, völlig unterschiedliche Bedürfnisse. Nur wenn beide angesprochen werden, entsteht Akzeptanz auf breiter Basis.

Ein vollständiges Stakeholder-Mapping inklusive Personas beinhaltet mindestens eine Persona pro Zielgruppe. Je mehr Personas, desto granularer kann die

Zielgruppe erfasst werden. Die ideale Anzahl ist abhängig von der Priorität und Heterogenität der jeweiligen Zielgruppe und lässt sich nicht pauschal empfehlen. Sauber definierte Personas bieten eine exzellente Datengrundlage für die Ausarbeitung dedizierter KI-Agenten zur Personalisierung von Kommunikationsinhalten.

4.5   Kooperationen und neue Aufstellungen

Siloarbeit war gestern. Die KI-Transformation braucht neue Formen der Zusammenarbeit.

Klassische Projektstrukturen stoßen schnell an ihre Grenzen, sie sind zu langsam, zu hierarchisch, zu starr. Gefragt sind crossfunktionale Teams, agile Kooperationen und Netzwerkstrukturen, die Wissen, Perspektiven und Entscheidungen bündeln.

Cross-funktionale Teams bringen HR, Kommunikation, IT und Fachbereiche an einen Tisch und ergeben eine lernende Einheit. Sie treffen Entscheidungen dort, wo das Know-how sitzt, nicht dort, wo sie „organisatorisch vorgesehen" sind.

Ein weiterer Hebel sind Content-Netzwerke. Oft entstehen in Unternehmen wertvolle Inhalte, Impulse und Erfahrungen, sie versickern aber in Abteilungsordnern oder Einzelchats. Wer Multiplikator*innen in den Bereichen benennt und befähigt, schafft einen natürlichen Informationsfluss. Die Kommunikation muss nicht alles wissen – sie muss vernetzt sein und die passenden Menschen in der Organisation identifizieren.

Ein Sonderfall: Corporate Influencer*innen. Mitarbeitende, die aus Überzeugung ihre Erfahrungen (zum Beispiel mit KI) teilen. Sie geben dem Wandel ein Gesicht. Wichtig ist: Sie brauchen Spielraum, Vertrauen und klare Guidelines.

Strukturell gilt: Governance schafft Verlässlichkeit, Beteiligung schafft Energie. Es braucht klar definierte Prozesse – aber genauso die Möglichkeit, dass sich Menschen einbringen, Themen mitgestalten und neu denken und Verantwortung übernehmen.

Was funktioniert:

- Redaktionssitzungen mit Vertretenden aller Bereiche
- Plattformen für Co-Creation
- Buddy-Programme zur Verbindung von „Old School" und „New Tech"
- Moderierte Erfahrungsräume: Wo stehen wir, was haben wir gelernt?

Der entscheidende Unterschied: Zusammenarbeit wird nicht delegiert – sie wird gelebt.

4.6   Quick Wins und Erfolgsgeschichten als Motivation

Quick Wins sind die sichtbaren Beweise dafür, dass Veränderung funktioniert – im Alltag, nicht auf Folien. Sie nehmen Schärfe aus Grundsatzdebatten und verlagern die Aufmerksamkeit dorthin, wo sie hingehört: in die Umsetzung.

Sie sind dabei mehr als frühe Erfolge. Richtig eingesetzt werden sie zu Orientierungspunkten in einer Phase der Unsicherheit. Sie zeigen: So fühlt sich Arbeiten mit KI an. So verändert sich unser Alltag. Und so behalten wir die Kontrolle.

Quick Wins wirken auf mehreren Ebenen gleichzeitig:

- Kognitiv: Sie machen abstrakte Technologie verständlich.
- Emotional: Sie reduzieren Angst und erzeugen Zuversicht.
- Politisch: Sie liefern Argumente in internen Macht- und Budgetdebatten.
- Kulturell: Sie verschieben die Haltung von „Beobachten" zu „Mitmachen".

Damit sind sie ein Hebel, der bei der Planung aktiv berücksichtigt werden kann und sollte.

Ein typisches Beispiel für einen echten Quick Win

Ein Team im Vertrieb nutzt KI, um nach Kundenterminen Gesprächsnotizen zusammenzufassen und automatisch Follow-up-Mails vorzubereiten. Was vorher abends oder am nächsten Morgen manuell erledigt wurde, entsteht nun innerhalb von Minuten – inklusive sauberer Struktur und klarer To-dos. Die Veränderung ist sofort spürbar:

- weniger Nacharbeit nach Terminen
- höhere Qualität der Dokumentation
- mehr Zeit für Vorbereitung und Kundenkontakt

Die Botschaft lautet nicht: „Wir haben KI eingeführt", sondern: „Mein Arbeitstag endet pünktlich – und meine Ergebnisse verbessern sich mit weniger Aufwand."

Was macht dieses Beispiel zu einem echten Quick Win? Es ist:

- Schnell: Umsetzbar innerhalb weniger Tage.
- Niedrigschwellig: Kaum Schulungsaufwand, sofort nutzbar.
- Emotional: Entlastung ist unmittelbar erlebbar.
- Erzählbar: In einem Satz erklärbar.
- Übertragbar: Funktioniert in Vertrieb, Beratung, Projektarbeit, Führung.

Szenarios wie dieses senken die Einstiegshürde, zum Beispiel dann, wenn die nächste Abteilung an einem neuen KI-Projekt arbeitet. Sie erzeugen Interesse statt Widerstand und veranlassen Andere zu sagen: „Das will ich auch."

So erzählen wir die Quick Wins gezielt
Ein Quick Win entfaltet seine Wirkung erst, wenn er erzählt wird. Erfolgsstorys übersetzen Erfahrung in Orientierung. Wirksam sind Geschichten, die drei Elemente verbinden:

- Ausgangslage: Was war vorher mühsam, langsam oder frustrierend?
- Erlebnis: Was hat sich konkret verändert?
- Lerneffekt: Was bedeutet das für unsere weitere Arbeit mit KI?

Geeignete Formate sind zum Beispiel:

- Kurze Videos: „Was uns überrascht hat"
- Persönliche Erfahrungsberichte: „Mein erster Tag mit KI"
- Mini-Retros im Team: „Was lief gut, was lernen wir?"
- Regelmäßige Use-Case-Rubriken im Newsletter oder Intranet

Wichtig: Die Geschichten müssen echt sein. Perfekte Erfolgsmärchen machen womöglich misstrauisch. Transparente Lernkurven hingegen, persönlich erlebt und erzählt von den Beteiligten, erzeugen Vertrauen.

Quick Wins als Lernschleifen nutzen
Quick Wins nur zu feiern wäre jedoch ein großer Fehler. Wir sollten sie stattdessen systematisch auswerten. Jeder Quick Win sollte drei Fragen beantworten:

- Was hat funktioniert – und warum?
- Wo lagen Grenzen, wo kam es zu Reibungen?
- Was bedeutet das für den nächsten Schritt?

So werden frühe Erfolge zu Lernschleifen, aus Einzelfällen entsteht Musterwissen. Genau hier beginnt Skalierung – nicht bei der Technologie, sondern beim Verständnis.

Vom Einzelereignis zur Bewegung
Wenn Quick Wins sichtbar gemacht, reflektiert und weitergedacht werden, verändern sie die Organisation. Sie senken die Einstiegshürde bei Neuerungen, aktivieren zur Mitgestaltung und verschieben die Haltung von Skepsis zu Neugier.

Kurz gesagt: Strategisch eingesetzt können Quick Wins der Transformation einen enormen Boost verleihen und langfristig Einfluss auf das Growth Mindset und die Kultur im Unternehmen haben.

4.7 Key-Takeaways

- KI-Transformation gelingt nur im Zusammenspiel der Bereiche. Klarheit über Rollen und Übergaben ist Voraussetzung für Tempo und Qualität.
- Psychologische Sicherheit ist die Basis wirksamer Kooperation: Erst wenn Unsicherheit abnimmt, entstehen Mut und Selbstwirksamkeit.
- Ein gemeinsames Narrativ schafft Orientierung und verhindert, dass Rollenunklarheit in Stillstand oder Konflikte kippt.
- Stakeholder-Mapping und Personas erhöhen die Treffsicherheit in der Kommunikation und berücksichtigen unterschiedliche Erwartungen und Einflussfaktoren.
- Cross-funktionale Zusammenarbeit beschleunigt Entscheidungen und reduziert Reibungsverluste.
- Quick Wins und echte Erfolgsstorys erzeugen Energie, stärken das Vertrauen in KI und machen Fortschritt sichtbar.

Schlusswort

5

Warum jetzt der richtige Moment ist

Wenn wir eines aus den vergangenen Monaten gelernt haben, dann dies: KI wartet nicht, bis wir alle bereit sind. Sie verändert unseren Arbeitsalltag, unsere Routinen und unser Verständnis von Verantwortung. Das geschieht nicht immer offensichtlich, manchmal leise im Hintergrund aber immer schnell. Einige finden das aufregend. Andere erschreckt es. Viele erleben eine Mischung aus beidem.

Wir haben dieses essential geschrieben, weil wir glauben, dass Organisationen wenn, dann nicht an fehlender KI-Technologie scheitern, sondern an fehlender Orientierung. Technologie ist verfügbar, täglich mehr. Was fehlt, ist Klarheit darüber, was damit geschehen soll. Ein gemeinsames Verständnis. Und eine Sprache, die alle verstehen und die jede Person im Unternehmen spricht.

Selten, wenn überhaupt jemals, waren wir als Organisationen und als Menschen an einem Punkt, der eine so drastische Auswirkung auf unsere Arbeit und unser Leben mit sich brachte, wie es der KI-Wandel nun tut. Man ist versucht, diese Phase mit der Zeit der Industrialisierung zu vergleichen, in der das Morgen völlig unklar war, die künftig benötigten Skills und Geschäftsmodelle ebenfalls. Am Ende gewannen die, die mutig nach vorne sprangen, gezielte Innovationen setzten und sich damit beschäftigten, was die entscheidenden Faktoren für den Erfolg in der Zukunft sein könnten.

Wenn Sie dieses essential gelesen haben, dann kennen Sie nun Stellhebel, die den Unterschied machen. Über technische Tools haben wir in diesem Buch bewusst nicht geschrieben. Uns geht es um das (Growth) Mindset, um die Art, wie wir miteinander sprechen und um die Frage, wohin wir uns bewegen wollen.

Vielleicht erinnern Sie sich an das Bild, das wir zu Beginn gezeichnet haben: das Zimmer, das sich über Nacht verändert. Es bleibt ein gutes Bild für diese Zeit.

A. Montua, A. Fedder, *KI-Transformation von innen heraus gestalten*, essentials, https://doi.org/10.1007/978-3-658-51629-1_5

Dinge stehen anders. Manche passen besser, manche schlechter. Aber wir finden uns zurecht – Schritt für Schritt, indem wir Licht ins Dunkel bringen, hinschauen, einordnen, ausprobieren. Und indem wir uns trauen, Fragen zu stellen, statt so zu tun, als seien wir längst angekommen.

Es gibt nicht den einen perfekten Weg durch diese Transformation. Aber es gibt Prinzipien, die tragen: Klarheit, Kommunikation, Beteiligung. Und psychologische Sicherheit und Führung, die Orientierung gibt.

Wir wünschen uns, dass dieses essential Ihr Begleiter auf diesem Weg wird. Ihr Werkzeugkoffer für passende Kommunikationstools, Ihre Quelle für Impulse und Ideen, Ihr Notizbuch für Ihre nächsten Schritte.

KI wird weiter unsere Arbeit und unser Miteinander verändern. Vielleicht stärker, als wir es heute absehen können. Aber wie wir diesen Wandel erleben, das entscheiden wir selbst.

Mut ist ansteckend. Klarheit auch. Lassen Sie uns anfangen.

Herzlichst,

Andrea Montua & Anton Fedder

Was Sie aus diesem *essential* mitnehmen

- Die Einführung von KI-Systemen ist neben allen zu klärenden Technikfragen vor allem Kultur und Kommunikationsarbeit. Technik schafft Möglichkeiten – Kultur, Dialog und Klarheit schaffen Akzeptanz.
- Führung im KI-Zeitalter heißt: Orientierung geben. Nicht alles wissen, aber einordnen können, Spannungen halten und Sicherheit vermitteln. Narrative helfen uns dabei.
- Psychologische Sicherheit ist ein zentraler Erfolgsfaktor für KI-Transformationen. Ohne sie entsteht Angst, mit ihr entstehen Mut, Lernen und Selbstwirksamkeit.
- Narrative steuern Haltung. Sie entscheiden, ob KI als Bedrohung oder als Chance erlebt wird – und geben Teams einen Sinnrahmen.
- Quick Wins machen die KI-Erlebniswelt erfahrbar. Früh sichtbare Erfolge, dass Veränderung machbar ist.
- Klarheit erhöht Tempo. Definierte Rollen, erwartbare Übergaben und konsistente Botschaften verhindern Reibung und schaffen Handlungsfähigkeit.
- Beteiligung ist kein Zusatz, sondern Voraussetzung. Wer mitreden darf, geht mit – und trägt Transformation eher mit, als sie auszuhalten.
- Klar definierte Rollen erleichtern die Einführung und bringen im besten Fall Energie und Dynamik in den Prozess.
- All das, was wir an Wissen zu Kommunikation und Führung in Veränderungsprozessen aufgebaut haben, gilt auch und in besonderem Maße für das hochkomplexe und dynamische Feld der KI-Einführungen. Greifen Sie also unbedingt auf das zurück, was Ihnen schon in anderen Transformationsprozessen eine Unterstützung war.

© Der/die Herausgeber bzw. der/die Autor(en), exklusiv lizenziert an Springer Fachmedien Wiesbaden GmbH, ein Teil von Springer Nature 2026
A. Montua, A. Fedder, *KI-Transformation von innen heraus gestalten*,
essentials, https://doi.org/10.1007/978-3-658-51629-1

Literatur

Baumeister, R. F., Bratslavsky, E., Finkenauer, C., & Vohs, K. D. (2001). Bad is stronger than good. *Review of General Psychology, 5*(4), 323–370.

Beckhard, R., & Harris, R. T. (1987). *Organizational transitions: Managing complex change.* Addison-Wesley.

Bruch, H., & Vogel, B. (2009). *Organisationale Energie: Unternehmen in Hochspannung bringen.* Gabler Verlag.

Cooper, A. (1999). *The inmates are running the asylum: Why high-tech products drive us crazy and how to restore the sanity.* Sams Publishing.

Deci, E. L., & Ryan, R. M. (2000). The "What" and "Why" of goal pursuits: Human needs and the self-determination of behavior. *Psychological Inquiry, 11*(4) 227–229.

Deloitte. (2023). A skills-based approach to talent. Global human capital trends. *Deloitte Insights*, online-report. https://www.deloitte.com/us/en/insights/topics/talent/human-capital-trends/2023/skills-based-model-end-of-jobs.html. Zugegriffen am 09.03.2026.

Duncan, D. S., Anderson, T., & Saviano, J. (2026). AI is changing the structure of consulting firms. *Harvard Business Manager, 10*(9), 2026.

Dweck, C. S. (2006). *Mindset. The new psychology of success.* Random House.

Edmondson, A. C. (1999). Psychological safety and learning behavior in work teams. *Administrative Science Quarterly, 44*(2), 350–383.

EU. (2024). *Verordnung (EU) ... über Künstliche Intelligenz (AI Act).* Amtsblatt der Europäischen Union.

Freeman, R. E. (1984). *Strategic management: A stakeholder approach.* Pitman.

Kahneman, D. (2011). *Thinking, fast and slow.* Farrar, Straus and Giroux.

Nickerson, R. S. (1998). Confirmation Bias: A ubiquitous phenomenon in many guises. *Review of General Psychology, 2*(2), 175–220.

Samuelson, W., & Zeckhauser, R. (1988). Status quo bias in decision making. *Journal of Risk and Uncertainty, 1*(1), 7–59.

Schein, E. H. (2010). *Organizational culture and leadership* (4. Aufl.). Jossey-Bass.

Schulz von Thun, F. (1981). *Miteinander reden 1. Störungen und Klärungen.* Rowohlt.

© Der/die Herausgeber bzw. der/die Autor(en), exklusiv lizenziert an Springer Fachmedien Wiesbaden GmbH, ein Teil von Springer Nature 2026
A. Montua, A. Fedder, *KI-Transformation von innen heraus gestalten,* essentials, https://doi.org/10.1007/978-3-658-51629-1

Shannon, C. E., & Weaver, W. (1949). *The mathematical theory of communication*. University of Illinois Press.

Tversky, A., & Kahneman, D. (1974). Judgment under uncertainty: Heuristics and biases. *Science, 185*(4157), 1124–1131.

Watzlawick, P., Bavelas, B., Janet, H., & Jackson, D. D. (2007). *Menschliche Kommunikation. Formen, Störungen, Paradoxien* (11. Aufl.). Huber.